AF366540

PAUL LAFFITTE

LE GRAND MALAISE

DES SOCIÉTÉS MODERNES
ET SON UNIQUE
REMÈDE

PARIS
ÉDITIONS DE LA SIRÈNE
29, BOULEVARD MALESHERBES

4e ÉDITION

ERRATUM

Lire	*au lieu de*
PAGE 51 (5ᵉ LIGNE): la nôtre	des nôtres
PAGE 131 : *Le délire de fiscalité*	*Le délire de la fiscalité*
PAGE 169 : 9. Les haillons de propriété — 11. Le délire de fiscalité.	9. Les haillons de la propriété — 11. Le délire de la fiscalité.

LE GRAND MALAISE
DES SOCIÉTÉS MODERNES
ET SON UNIQUE
REMÈDE

PAUL LAFFITTE

LE GRAND MALAISE

DES SOCIÉTÉS MODERNES
ET SON UNIQUE
REMÈDE

PARIS

ÉDITIONS DE LA SIRÈNE

29, BOULEVARD MALESHERBES

Avant-Propos

Je tiens à rappeler ici, en le reprenant pour mon compte, ce que le bon Rollin écrivait à l'avant-propos de son Histoire Romaine : « Je n'ai point dissimulé que je faisais beaucoup d'usage du travail des autres... »

Sans doute j'aurais pu, m'inspirant des remarquables travaux des Laveleye, des Laboulaye, des Championnière, des Letourneau et de tant d'autres, reprendre en de nouvelles phrases ce qu'ils ont dit excellemment ; mais qui ne voit ce qu'un tel exposé gagne à ce que ce soit eux et non moi qui le présente ?

Aussi bien je n'ai point fait ici œuvre originale. L'exercice de ma profession d'éditeur m'ayant un jour soufflé une idée, je dus, sous cette inspiration, aller aux sources. C'est là qu'auprès de la plus pure et de la plus haut jaillissante, je retrouvai en Emile de Laveleye toutes les justifications de mes doutes et de mes espoirs. Aussi n'exprimerai-je jamais assez ma reconnaissance pour cet homme qui fut un grand esprit et un cœur généreux.

Si j'ai pu atteindre à ce que j'appelle sans aucune prétention, mais dans l'ardeur de ma conviction, l'unique remède, — les deux pas de plus à quoi se ramène toute découverte, c'est à lui que je dois d'avoir pu les faire, à lui qui m'apprit à marcher. La solution que j'avais imaginée de toutes pièces et dans la nuit de mon ignorance n'était qu'une création de l'imagination, c'est-à-dire, en un tel domaine, rien du tout. Laveleye m'apporta la lumière de ses longues recherches dans l'histoire et à travers le monde, car si l'histoire n'est pas, comme le voulait Fustel de Coulanges, la sociologie même, elle est, selon l'expression d'Albert Sorel, le grand musée, le grand laboratoire de la sociologie.

De cette double nécessité d'évoquer l'histoire et d'invoquer sans cesse l'autorité des maîtres de la sociologie et du droit, est résultée une abondance de citations dont je m'excuse, mais dont en même temps je me réjouis en songeant que, si elles alourdissent le texte, c'est à la façon de ces artilleries lourdes qui marchent à la conquête des citadelles en faisant trembler le sol.

1.

La propriété ondoyante et diverse

Tout ce qui concerne la propriété étant convention, chaque peuple, chaque temps, a droit d'avoir la sienne.

Vte GEORGES D'AVENEL.

Dessinez, disait ce professeur d'océanographie, un invraisemblable poisson, né de votre imagination, empruntant tête et corps aux animaux les plus divers, disposant les organes au jeu d'une inspiration cocasse. Cet hurluberlu, qui paraît créé par le délire, il existe, soyez-en persuadé, il se promène dans la mer à des profondeurs d'autant plus grandes qu'il est plus baroque. Un jour un coup de filet le remontera de ces profondeurs, qui en cachent de plus extravagants encore.

Il n'ajoutait point que cette fantaisie a ses raisons et cette extravagance sa logique, parce que depuis Lamarck nous savons que ces bizarreries de la création et ces caprices de la nature ne sont qu'une adaptation physiologique à des nécessités physiques.

Cette observation des sciences naturelles est valable également dans le domaine de la sociologie où nous trouvons la même variété infinie de formes née de nécessités économiques nombreuses et diverses. Les mêmes moyens répondent invariablement aux mêmes besoins. Que si, par exemple, nous étudions la propriété nous y trouverons comme dans la mer tous les poissons nés de notre imagination, je veux dire que nous ne pourrons inventer un mode quelconque de possession foncière qui n'ait existé au cours des innombrables transfor-

mations qu'a subies à travers les siècles le droit
de propriété.

Du territoire de chasse des tribus primitives jusqu'à la propriété individuelle à laquelle
la loi romaine attacha le droit d'user et d'abuser,
la propriété foncière a été en continuelle transformation, chaque étape de la civilisation appor-
tant avec elle sa conception propre du droit
de propriété. Chez l'homme primitif vivant
de la chasse, de la pêche et de la récolte des
fruits sauvages, l'idée de l'appropriation de
la terre ne saurait naître. Elle commencera
à poindre, très vaguement encore, avec la
délimitation du territoire de chasse, propriété
de la tribu primitive qui la défendra féroce-
ment contre les incursions des hordes voisines.
Quand plus tard l'homme aura domestiqué
certains animaux propres à le nourrir, il songera
à les multiplier et la vie pastorale commence. La
propriété foncière, c'est ici l'espace nécessaire
aux troupeaux de chaque tribu ; même lorsque
le cheptel est propriété individuelle le sol
reste domaine collectif.

Le régime pastoral se prolonge aussi longtemps que l'accroissement de la population
n'oblige pas les hommes à passer au régime
agricole, beaucoup plus dur ; car, tout comme
l'homme isolé, l'humanité obéit à la loi du moindre effort. Pour cette même raison de moindre
effort, dans la région agricole, elle pratiquera

d'abord la culture extensive : quelle nécessité de fumer le sol et d'y engager du capital quand l'étendue est là et qu'on peut, laissant les terres se reposer, appliquer le système de rotation des cultures ? Sous ce régime de culture temporaire, où la même surface n'est mise en valeur qu'une année sur vingt, le partage annuel des terres constitue la forme normale de la propriété.

Mais un jour vient où, la population continuant à augmenter, on ne peut plus se permettre ces longs repos de la terre : la culture extensive fait place à la culture intensive. La propriété continue à demeurer le domaine collectif de la tribu ou de la commune ; mais la culture intensive exigeant un travail plus ardu, des fumures, des assolements, on attribuera aux individus l'usage temporaire avec retour à la collectivité et nouveau partage. C'est la dernière étape, celle qui conduit à la possession individuelle du sol. La route sera longue ; mais le régime militaire, en faisant de la terre un butin que le chef vainqueur s'approprie ou partage entre ses guerriers, facilitera la conception individuelle de la propriété. Toutefois ce n'est que beaucoup plus tard, à une période nouvelle de l'évolution humaine, la période industrielle, que la propriété individuelle se réalisera pleinement en fait. Encore dans cette marche en avant, l'humanité se complaira-t-elle à laisser s'éterniser en certains coins du globe, comme le survivant d'un temps heureux, ce communisme foncier, à la fois propriété collective et usufruit individuel, qui, avec la dessa javanaise, le mir russe, les allmenden de la Suisse et de l'Allemagne, continue de nos jours l'âge d'or chanté par les poètes latins, « l'âge d'or si cher à la poésie, l'âge du bonheur facile et de la concorde universelle ».

Précisons. Cette forme de communisme foncier, il n'est pas étrange qu'elle se soit perpétuée jusqu'à nos jours ; on peut s'étonner seulement que ce soit en pleine Europe, l'Europe de la propriété individuelle. Car pour le reste du monde, de même qu'on y retrouvera l'humanité à tous les degrés de la civilisation, on y rencontrera la propriété à tous les stades de son évolution. Et précisément parce que les vestiges du passé étaient souvent effacés, si l'on a pu reconstituer l'histoire de la propriété, ce sont les explorateurs, autant que les historiens, qui nous en ont apporté les éléments. Si bien que de nos jours il suffit de faire le tour du monde pour retracer toute l'évolution du droit de propriété. On y trouvera même l'équivalent des époques primitives chez les sauvages errant dans les forêts centrales de Bornéo ou de Ceylan, chez les Bochimans de l'Afrique Centrale, les Fuégiens de la Terre de feu,

hordes vagabondes n'ayant ni maisons, ni abris
artificiels, ni troupeaux, « toujours chassant,
souvent chassés », et qui ne semblent pas en
état de prétendre à la possession exclusive
des territoires de chasse. Ces territoires de chasse
bien délimités et bien défendus, on les trouvera
chez les Australiens, qui réalisent le régime
de la tribu primitive, mais qui ne sont encore
ni pasteurs ni agriculteurs. Chez les tribus
de l'Orénoque et chez les Otomaques de l'Amérique méridionale, on observera les premières
tentatives de culture ; et si leur principale
et plus agréable occupation est la pêche aux
tortues et la chasse aux pécaris, ils cultivent
le maïs et le manioc. Ils cultivent, il est vrai,
mais sans joie, si bien que ce peu d'entrain
aux durs travaux agricoles a fait naître la propriété privée temporaire, qui abandonne les
parcelles de terre à ceux qui les ont défrichées,
mais seulement comme usufruitiers et pour
aussi longtemps que durera leur culture. Sortis
de ces premiers stades, les peuples pasteurs
et agriculteurs, avec les Indiens de l'Amérique
du Nord et du Sud, avec les peuplades de l'Asie
et de l'Afrique, achèvent de réaliser sous nos
yeux les étapes successives que l'humanité
a franchies.

Ainsi, qu'on remonte dans le temps ou qu'on
voyage dans le monde, on arrive à ce résultat
inéluctable : à une civilisation donnée ou plus

exactement, puisqu'il s'agit de la terre, à un mode d'exploitation donné correspond toujours une forme identique de propriété. Ceci est constant : la propriété était constituée à Sparte comme dans les campagnes de France et d'Italie au moyen âge, comme de nos jours chez les Slaves méridionaux. Sumner Maine, qui a longtemps résidé dans l'Inde, a retrouvé, au pied de l'Himalaya et aux bords du Gange, des institutions semblables à celles de l'antique Germanie. Dans son livre sur la Russie, Mackenzie Wallace a pu saisir sur le fait chez les Baskirs et les Kirghiz le passage de la vie pastorale à la vie agricole, et chez les Cosaques il a pu voir comment le partage périodique de la terre s'imposait à l'origine. Par contre, dans les contrées montagneuses de l'Allemagne centrale, où le mode de culture n'a guère progressé depuis l'antiquité, la communauté de la marke s'est maintenue jusqu'à nos jours. Enfin Laveleye, dans son remarquable ouvrage sur la *Propriété et ses formes primitives*, constate que l'on retrouve la même institution, la Haus-Communion, comme l'appellent très exactement les Autrichiens, et au bord du Danube et dans l'intérieur de Sumatra, chez des races très diverses, qui, à aucune époque, n'ont eu de relations. « C'est la preuve évidente, ajoute-t-il, de ce fait si important à constater en matière de sociologie, à savoir : qu'en raison des

mêmes nécessités économiques, ces deux institutions fondamentales, la famille et la propriété,
ont passé partout par les mêmes phases, dans
leur évolution pendant le cours des siècles. »

C'est donc l'agriculture qui a en quelque
sorte façonné le droit de propriété. C'est pourquoi nous le verrons, comme un tank en marche
sur un sol accidenté, suivre dans toutes ses
sinuosités les évolutions de l'agriculture et
non seulement s'adapter à toutes les nécessités
économiques, mais de plus à tous les besoins
locaux, à toutes les conditions de climat ou de
situation. Le vicomte d'Avenel, dans son
Histoire économique de la Propriété, a dressé
la longue nomenclature des lois, coutumes et
usages qui, dans l'ancienne France, variaient
non seulement d'une province à l'autre, mais
de village à village.

Il nous est aisé maintenant de dégager la
« condition » essentielle du droit de propriété,
et ce sera sa mobilité.

Saint-Simon a formulé cette simple vérité :
« La propriété est un fait social soumis, comme
tous les autres faits sociaux, à la loi du progrès ».
Or les progrès de la propriété dépendant de
ceux de l'agriculture, le droit de propriété
doit être éminemment souple, malléable au
caractère de chaque peuple, flexible à toute
exigence économique, plastique comme la terre
qu'il défend. En fait son histoire n'est que la

longue narration de cette éternelle dépendance,
le récit de cette excessive mobilité. Et ce qui
est vrai pour la propriété agricole ne l'est pas
moins pour la propriété urbaine, qui doit subir
des exigences plus diverses encore, se plier
à de nombreuses nécessités.

« La propriété n'est pas chose fixe, a écrit
Stuart Mill, mais une institution multiforme
qui a subi de grandes modifications et qui est
susceptible d'en subir de nouvelles avec
grand avantage. »

La propriété toujours mouvante, toujours
en progrès, c'est une vérité qui peut nous sur-
prendre, habitués que nous sommes à la voir
sous une forme unique, « la propriété quiritaire, telle que nous l'a léguée le dur génie
des Romains ». Et pourtant cette propriété
rigide, la dernière en date, qui met un terme
à l'évolution millénaire, est relativement récente,
car après Rome, dont elle provoqua la décadence, elle connut une longue éclipse.

Laveleye, le grand économiste de la propriété,
a écrit : « Le dominium exclusif, personnel
et héréditaire appliqué à la terre est un fait
relativement très récent, et pendant très longtemps les hommes n'ont connu et pratiqué
que la propriété collective[1]. » Et il ajoute :

---

1. D'après Meyer, l'hébreu n'a pas de mot pour exprimer la propriété
foncière privée. Grimm affirme que dans l'ancienne langue germanique il n'a
point trouvé de mot qui rende l'idée de propriété privée appliquée au sol.

« Puisque l'organisation sociale a subi de si
profondes modifications à travers les siècles,
il n'est pas interdit de rechercher des arrange-
ments sociaux plus parfaits que ceux que nous
connaissons. Nous y sommes même obligés
sous peine d'aboutir à une impasse où la civilisation périrait. »

2.

La grande lésion

La loi civile, qui restitue sur ies con-
trats qui contiennent quelque lésion,
ne peut s'empêcher de restituer contre
un accord qui contient la lésion la plus
énorme de toutes.

MONTESQUIEU, *Esprit des Lois*
(Ch. de l'esclavage.)

Et cependant la propriété privée fut un progrès sur la propriété collective, de famille, de clan ou de commune. Elle fut un progrès par cela même qu'elle faisait disparaître les deux principales causes de débilité de toute communauté : affaiblissement du ressort de l'activité, puisque tous, paresseux ou laborieux, jouissent des mêmes avantages ; diminution de l'esprit d'initiative, puisque le profit de toute amélioration se partage entre tous.

Progrès indéniable si la propriété se fût contentée d'être individuelle ; mais le Romain, cruel jusque dans l'état civil, selon l'expression de Montesquieu, fit une loi à son image : autoritaire, il lui conféra le droit d'user et d'abuser ; avide, il accapara pour elle la perpétuité.

Forgée brutalement, cette loi révélait une méconnaissance complète de ce qu'on peut considérer comme la seconde « condition » du droit de propriété : l'obligation de satisfaire à la fois aux deux éléments que l'analyse a découverts dans le droit de propriété, l'élément social et l'élément individuel.

« La propriété, écrit Alfred Fouillée, a une portion individuelle et une portion collective, et le problème social est de limiter le droit de chacun par le droit de tous. »

Avant Fouillée, Emmanuel Fichte, en Allemagne, et don Francesco de Cardenas, en Espagne, avaient dégagé ces deux éléments constitutifs du droit de propriété et montré que la propriété n'était pas instituée seulement dans l'intérêt de l'individu et pour lui garantir la jouissance des fruits de son travail ; mais qu'elle l'était aussi dans l'intérêt de la société et pour en assurer la durée et l'action utile. Obéissant à sa première condition de souplesse, le droit de propriété doit se modeler à la double image de l'homme, qui agit à la fois comme individu isolé, ayant ses droits d'homme libre, et comme citoyen et membre de la société, avec ses obligations et ses devoirs collectifs. En transférant à la propriété individuelle la jouissance perpétuelle, le droit romain et, après lui, les divers droits modernes ont complètement faussé la conception sociale de la propriété ; par l'exclusion d'un des éléments constitutifs du droit de propriété ils ont brutalement sacrifié le droit de tous au privilège d'un seul.

Il n'est pas étrange qu'une pareille « lésion » ait eu des répercussions énormes. Le droit de propriété, naguère mouvant, est devenu rigide ; il provoquera des révolutions qui briseront sa rigidité en supprimant le bénéficiaire de ce privilège injuste. Aucune révolution n'a eu d'autre cause ; toutes les menaces de l'avenir sont enfermées dans cette gigantesque lésion. « Pour les législateurs, écrit Aristote dans sa *Politique*, le point capital paraît être l'organisation de la propriété, source unique, à leur avis, des révolutions. » De son côté Letourneau constate : « Le droit de propriété est par excellence le grand ressort social ; c'est le géant que les primitifs supposent caché au fond des cratères volcaniques et dont chaque mouvement provoque un tremblement de terre. Point de grande révolution politique qui ne soit corrélative à une modification du droit de propriété ; point de métamorphoses de ce droit qui n'entraîne une, transformation politique. » Si bien que l'histoire des révolutions n'est que la chronique des égarements du droit de propriété.

Révolution quand la rupture d'équilibre vient d'en bas, confiscation quand elle vient d'en haut, le phénomène est le même. La moitié de l'Afrique romaine appartenait à six propriétaires quand Néron les fit égorger. Jusqu'à nos jours la confiscation des biens de mainmorte fut une nécessité périodique ; pour juger avec quelle rapidité ces biens s'accumulaient aux mains de l'Eglise, il suffit de citer l'évêché d'Augsbourg qui, au IXe siècle, possédait 1.427 fermes et le couvent de Bénédictbeuren, en Haute-Bavière, qui en possédait 6.700 au XIe siècle. La dernière confiscation est connue sous le nom de milliard des congrégations. Spoliation, disaient les catholiques, oubliant le mot de saint Ambroise : « La nature a fait le droit commun ; l'usurpation a fait le droit privé. » En réalité, sous l'apparence

de haines politiques, et parce que tous les phénomènes économiques se réalisent par des moyens
sentimentaux, c'est la loi sociale violée qui prend
sa revanche. L'équilibre rompu se rétablit
de lui-même. Révolutions ou confiscations,
leur périodicité pourrait se prédire, comme les
phénomènes astronomiques.

C'est aux républiques antiques, et pour
plus de relief encore, c'est à l'histoire de Rome
qu'il faut demander de nous révéler, comme
en un coup de théâtre, les causes de son ascen-
sion et de son déclin par le simple jeu du droit
de propriété en ces deux étapes : communauté
de village et de famille d'abord, propriété
foncière individuelle ensuite. « L'histoire économique de Rome, écrit Laveleye, n'est que le
tableau de la lutte contre les envahissements
de la propriété quiritaire. »

Aux premiers temps de la République,
la propriété privée inaliénable était limitée,
comme en Grèce, à la maison de famille avec
sa cour et son jardin ; sur les terres, communautés de villages ou de familles, vivait une population nombreuse d'usagers, à la fois agriculteurs et guerriers, qui jouissait d'institutions
démocratiques. Dans son Histoire romaine,
Mommsen montre que la grandeur de Rome
s'est élevée sur la base solide de ses paysans
propriétaires. « Les fondateurs des anciennes
républiques, écrit Montesquieu, avaient égale-

ment partagé les terres : cela seul faisait un peuple puissant, c'est-à-dire une société bien réglée ; cela faisait aussi une bonne armée, chacun ayant un égal intérêt, et très grand, à défendre sa patrie. » Et ailleurs : « Ce fut le partage égal des terres qui rendit Rome capable de sortir d'abord de son abaissement et cela se sentit bien quand elle fut corrompue. »

Quand elle fut corrompue, c'est-à-dire quand la propriété privée individuelle eut permis l'accaparement des terres et la création des grands domaines ou latifundia. Ces grandes propriétés absorbèrent même l'ager publicus, le domaine commun qui représentait encore l'ancienne « marche » collective ; elles l'absorbèrent si bien que, selon Pline, dans certaines provinces, l'ager publicus tout entier était possédé par quelques familles.

Pline nous donne une idée de ces latifundia : un citoyen romain, Claudius Isidorus, riche déjà de 60 millions de sesterces sonnants et trébuchants, possédait en outre 90.000 hectares avec 4.166 esclaves et 257.000 moutons. Et Pétrone, dans le Satyricon, nous présente le domaine de Cumes, appartenant à Trimalcion, si vaste qu'en un seul jour, le 7 avant les calendes d'août, trente garçons et quarante filles sont nés sur ces terres. Toute une province, la Chersonèse de Thrace, appartenait au seul Agrippa, et Cicéron estime à moins de 2.000 le nombre de propriétaires dans toute l'Italie.

Appien a parfaitement décrit la formation des latifundia : « A mesure que les Romains subjuguaient une partie de l'Italie, ils prenaient une part du sol de cette terre conquise ; la partie cultivée était assignée ou affermée aux colons ; quant à la partie inculte, souvent fort considérable, on l'abandonnait, sans la diviser, à ceux qui voulaient la cultiver, moyennant la redevance annuelle du dixième des grains et du cinquième des fruits. On voulait multiplier cette race italienne, patiente et courageuse, pour augmenter le nombre des soldats citoyens ; mais il arriva le contraire de ce qu'on avait prévu : car les riches, maîtres de la grande partie de ces terres non limitées, enhardis par la durée de leur possession, achetèrent de gré ou prirent de force l'héritage de leurs pauvres voisins et transformèrent leurs champs en d'immenses domaines. Ils employèrent des esclaves comme laboureurs et comme bergers. Le service militaire arrachait les hommes libres à l'agriculture ; les esclaves, qui en étaient exempts, les remplaçaient et rendaient ces possessions fructueuses. Les riches devinrent donc démesurément opulents et le nombre des esclaves s'accrut rapidement ; mais la race italienne s'appauvrit et disparut, dévorée par les impôts, la misère et la guerre. L'homme libre devait se perdre dans l'oisiveté ; car le sol, cultivé par des esclaves, était tout entier aux mains des riches, qui ne voulaient pas de lui. »

L'Italie, livrée aux esclaves, ne fut plus soumise à la charrue. Quelques villas somptueuses et d'immenses pâturages remplacèrent ces cultures variées qui, exécutées par les petits propriétaires latins, samnites, étrusques, campaniens, avaient entretenu tant de cités florissantes. Le résultat général fut la désertion des campagnes, l'abandon du sol et la dépopulation.

Dans une phrase qui sonne le glas de l'empire, Pline l'Ancien a, d'un raccourci puissant, marqué cette cause principale de la décadence romaine : « A vrai dire les grandes propriétés ont perdu l'Italie et elles commencent déjà à perdre les provinces. »

Ce que Pline constate ici n'avait point échappé aux législateurs de Rome ; ils s'efforcèrent par des lois agraires d'arrêter les funestes effets de cette concentration de la richesse terrienne. La loi Licinia notamment interdit de posséder plus de 500 jugères de terres publiques (environ 125 hectares), de faire paître sur l'ager publicus plus de 100 têtes de gros bétail et plus de 500 moutons sur ses propres terres. La partie des terres publiques enlevée à ceux qui possédaient plus de 500 jugères devait être distribuée aux pauvres.

La République fut sauvée pour un temps, car la loi demeura en vigueur pendant plus de deux cents ans. « Le siècle qui suivit les lois liciniennes, écrit Laboulaye, est celui où Rome semble inépuisable en soldats. Varron, Pline, Columelle se reportent sans cesse à ces beaux jours de la République comme au temps où l'Italie était vraiment puissante par la richesse de son sol, le nombre et l'aisance de ses habitants ; la loi des 500 jugères est toujours citée par eux avec honneur, car, la première, elle avait reconnu le mal et essayé le remède, en retardant la création de ces grands domaines, de ces latifundia qui dépeuplèrent l'Italie et, après l'Italie, l'empire tout entier. »

Malheureusement, après la conquête de la Macédoine, les clauses de la loi Licinia ne furent plus guère appliquées[1]. Les Gracques s'efforcèrent de la faire revivre : ces politiques clairvoyants tentèrent d'arrêter l'abandon de la terre et l'exode vers Rome de cette forte race de cultivateurs-soldats qui avaient donné à Rome l'empire du monde ; mais les patriciens parvinrent à éluder dans l'exécution toutes les lois qu'on opposait à leur avidité. D'autre part, les conquêtes mettant à leur disposition des

---

1. La fureur d'accaparer était telle que, vingt ans seulement après l'application de la loi Licinia, le tribun Licinius, qui en était l'auteur, avait été condamné pour l'avoir violée, en prenant, sous le nom d'autres citoyens, des terres au delà de la quantité légale.

terres nouvelles et des esclaves pour les cultiver, il était impossible d'arrêter l'accroissement des latifundia. Se rendant compte que l'empire allait à sa ruine, Tibérius Gracchus proposa d'abord de reprendre les terres aux riches contre indemnité, puis le retrait pur et simple des terres. Mais il était déjà trop tard. Et comme s'ils eussent voulu accélérer la décadence, désormais fatale, les patriciens, après la mort des Gracques, firent adopter successivement trois lois qui avaient pour but et eurent pour résultat de favoriser l'accroissement des grandes propriétés. D'après M. Antonin Macé, les lois agraires, c'est-à-dire la distribution publique de terres aux citoyens, eurent les meilleurs résultats chaque fois qu'elles furent sérieusement mises à exécution, et l'aristocratie, en s'y opposant, a causé sa propre ruine.

L'éminent économiste allemand Bruno Hildebrand résume ainsi une remarquable étude sur la répartition de la propriété foncière dans l'antiquité : « L'histoire agraire de l'antiquité nous montre que tous les législateurs anciens se sont efforcés d'assurer à chacun un certain héritage et de faire participer toutes les familles aux avantages de la propriété foncière, mais que partout les propriétaires, trop indépendants de l'Etat, sont parvenus à centraliser et à monopoliser la possession du sol et que c'est ainsi que le monde antique a péri. »

31

Pour en finir avec une abondance de citations dont l'auteur s'excuse, mais qui était nécessaire pour dégager et mettre en relief la pensée des grands écrivains latins et des plus profonds économistes de la propriété, nous terminerons ce chapitre par cette conclusion de l'un de ces derniers : « *Latifundia perdidere Italiam* ; la décadence irrémédiable de l'empire romain justifie ce mot, qui retentit à travers les siècles comme un avertissement pour les sociétés modernes. La révolution française et les récentes législations du continent se sont inspirées de l'esprit qui a dicté les lois liciniennes et celles des Gracques : ils ont voulu créer un peuple de propriétaires ; tel avait été l'effet des communautés primitives. Aujourd'hui, en présence du mouvement démocratique qui nous entraîne et des tendances égalitaires qui agitent les classes laborieuses, le seul moyen de prévenir des catastrophes et de sauver la liberté, c'est de chercher une organisation qui fasse arriver à la propriété rurale ou industrielle tous les citoyens propres au travail. »

3.

L'âge d'or

Platon, dans son *Traité des Lois*, ne prétendait pas avancer une nouveauté quand il défendait au propriétaire de vendre son champ ; il ne faisait que rappeler une vieille loi. Tout porte à croire que dans les temps anciens la propriété était inaliénable. Il est assez connu qu'à Sparte il était formellement défendu de vendre son lot de terre... Enfin Aristote nous apprend d'une manière générale que, dans beaucoup de villes, les anciennes législations interdisaient la vente des terres... Il y a des raisons de penser que, dans les premiers temps de Rome, et dans l'Italie avant l'existence de Rome, la terre était inaliénable comme en Grèce.

FUSTEL DE COULANGES.

L'âge d'or, c'est l'âge de la terre inaliénable et de la communauté agraire, le souvenir évoqué par les poètes latins d'un temps heureux où la terre, propriété de tous, ne connaissait pas encore la haie mitoyenne. Le dieu Terme, ancêtre du cadastre, n'avait pas encore été promu à la dignité de gardien de la propriété éternelle.

A vrai dire nous ne savons pas grand chose de cette communauté foncière : les regrets des poètes ne nous apportent aucune précision sur le régime social de ces jeunes républiques, et si, aux âges heureux, les peuples n'ont pas d'histoire, ils n'ont dès lors pas d'historien.

Toutefois, cette communauté foncière, qui prépara la grandeur de Rome, nous pouvons nous en faire une idée très exacte ; car toutes les sociétés humaines la pratiquent dans leur enfance. De nos jours nous la trouvons non seulement chez des peuples tout frais émoulus, mais encore chez de plus anciens auxquels elle a certainement apporté une formule de possession conforme à leurs aspirations et à leur caractère puisqu'ils l'ont conservée jusqu'à nos jours, insensibles aux séductions de la propriété individuelle. Ces survivants des communautés agraires sont, je l'ai déjà indiqué, le mir russe, la dessa javanaise, les allmenden de l'Allemagne et de la Suisse.

Le mir russe est une forme de communauté rurale qui, au delà du Dnieper, groupe trente millions de paysans. Les économistes du monde entier ont étudié cette organisation agraire qui, selon les démocrates d'il y a trente ans, contenait la solution du problème social en vain cherchée par Saint-Simon, Owen ou Proudhon. On conte que Cavour dit un jour à un diplomate russe : « Ce qui rendra votre pays maître de l'Europe plus tard, ce ne sont pas ses armées, c'est son régime communal. »

En Russie le mir avait[1] d'ardents partisans dans toutes les classes de la société, dans toutes les nuances de l'opinion. Conservateurs, slavophiles, socialistes démocrates, tous s'exaltaient à la pensée des grandes destinées que le mir réservait à la race slave. De fait il apparaît comme la réalisation du rêve des sages. Qu'on en juge :

Le prolétariat avec toutes ses misères et tous ses dangers, ainsi que le paupérisme, sont inconnus dans le mir. Les enfants ne portent pas injustement la peine de la paresse, de la malchance ou des dissipations de leurs parents. Leur société communautaire est préservée des bouleversements sociaux qui, à chaque instant, nous menacent ; en effet, chaque famille étant usufruitière d'une partie du sol, il existe un élément d'ordre, de conservation et même de

---

1. Cet imparfait marque surtout l'imperfection de notre documentation sur la Russie soviétique et souligne une ignorance qui nous oblige à nous reporter de plusieurs années en arrière. Ceci n'a d'ailleurs aucune importance.

tradition, généralement répandu, en quelque
sorte vulgarisé. La lutte entre le travail et le
capital qui désole les Etats modernes est inconnue dans le *mir*, le sol restant le patrimoine
inaliénable de tous les habitants. Le mir colo-
nise tout naturellement pour utiliser son excédent de force. De l'agglomération-mère trop
peuplée se détache un groupe qui s'avance vers
l'Est, dans les profondes forêts et les vastes
steppes, défrichant et cultivant. Dans le mir,
les prescriptions de Malthus ne trouvent jamais
d'adeptes; l'organisation du mir est telle qu'elle
constitue par le jeu naturel de ses lois, *ipso
facto*, une prime à la multiplication des enfants
dont chacun représente une paire de bras travailleurs qui, au prochain partage, seront pour-
vus de terre. Stuart Mill va même jusqu'à
craindre un excès de population ! Le travail
est ici le seul titre légitime de propriété pour les
produits qu'il crée. Mais le sol qu'il n'a pas créé,
il n'a pas le droit d'y prétendre et n'y prétend
point. Il n'y a pas de riches ni de pauvres, en
lutte les uns contre les autres, chacun pouvant
vivre des produits de son activité.

Ces succès économiques du mir rappellent
les succès tout analogues et l'extension rapide
des couvents et communautés religieuses quand
ceux-ci s'occupaient encore d'exploitation agricole ou, mais ce fut plus rare, industrielle. Un
économiste qui, par principe, ne saurait être

tenu comme prédisposé en faveur d'un communisme quelconque, fût-il historique ou géo-
graphiquement lointain, M. Anatole Leroy-
Beaulieu, dans son ouvrage *l'Empire des Tzars*,
insiste aussi sur les avantages du mir, ce mir qui
l'emporte même sur les seigneurs à qui il rachète
des étendues considérables de terre. Par
exemple, dans le gouvernement de Koursk,
les paysans des communes ont, en un an, acquis
deux millions de roubles de terres. Ces avantages
du mir n'ont pas échappé aux colons germa-
niques venus s'établir en Russie ; ils ont adopté
rapidement le régime de la terre commune et
s'en sont bien trouvés. Fait plus curieux encore,
lorsque, par suite de circonstances particulières
trop longues à exposer, le mir a été, en certains
endroits, transformé en commune par lots de
propriété individuelle, les paysans reconnurent
rapidement les inconvénients de l'héritage et
du morcellement indéfini et revinrent sponta-
nément à l'ancien régime du mir communautaire.

Quel est donc exactement ce régime si avantageux du mir ? En principe le *mir*, personne idéale
et collective, symbole de tout le village, est seul
propriétaire des terres. Chaque habitant, mâle
et majeur, a droit à la culture d'une part égale
de ces terres. Au début même, la terre entière
était cultivée en commun, le partage ne se faisant que sur les récoltes ; ce système est encore

en vigueur parmi les Raskolniks silvestres et dans quelques cantons de la Bosnie.

Plus récemment on en vint au partage des terres qui sont distribuées tous les 3, 9, 12 ou 15 ans. Les partages furent espacés ainsi toujours davantage et certains économistes y voient un acheminement vers le régime de la propriété persistante et privée. C'est conclure peut-être vite et asseoir précairement une hypothèse. Les partages trop fréquents comportent des inconvénients dont le paysan s'est bien vite rendu compte ; l'usufruitier dans ces conditions n'a guère intérêt à améliorer sa terre et ses cultures ; si, au contraire, le mir lui laisse jouissance de son lot pour plus longtemps, le paysan a tout intérêt à chercher l'amélioration de son exploitation ; son initiative individuelle est stimulée par le gain d'un bien-être possible, d'un bien-être nullement égoïste, puisque plus tard c'est un autre usufruitier, c'est la commune qui en profitera. Ainsi, loin de tendre vers une propriété privée dont il n'a pas même l'idée, le mir, en espaçant les partages, se défend instinctivement contre la routine et l'exploitation agricole insuffisante et hâtive, deux reproches qu'on aurait pu, sans cela, lui faire.

La propriété personnelle et héréditaire existe concurremment, mais très restreinte. Elle est en fait limitée à la maison qui est même, sous certaines conditions, soit aliénable, soit dé-

plaçable, étant construite en bois et en matériaux légers. Quand la famille s'éteint, cette
propriété revient à la commune. Il n'y a donc
point de propriété immobilière complètement
libre.

L'initiative individuelle, il faut le reconnaître,
est fort bridée par le *mir*. Tous les lots doivent
être cultivés en même temps et toutes les opérations agricoles faites simultanément ; l'assemblée des chefs de famille, présidée par un
staroste, en décide l'époque. D'autre part, tous
les lots étant égaux en principe, tant par l'étendue que par la qualité du sol, ce qui nécessite
l'établissement de lots composés de trois ou
quatre parcelles à différentes distances du village, cette simultanéité de l'exploitation en
arrive à une sorte d'harmonie, bien près de
paraître mécanique. Et cela comporte certains
inconvénients, mais corrigibles.

Enfin, il faut noter que l'assemblée générale
des pères de famille peut, si la majorité des deux
tiers est acquise, introduire la propriété individuelle et mettre fin au régime de la communauté.

Pareil était à peu près, au temps de Tacite,
le régime de la tribu germanique. Pareil encore,
ces temps derniers, le régime de la *zadrouga*
serbe et de nombreux cantons de la Croatie et
de la Slavonie, des confins militaires. Dans
toutes ces organisations, le droit de propriété

privée est limité et très limité soit à la maison,
soit à un petit pécule, mais ne s'applique surtout jamais à la terre.

De Russie, transportons-nous à Java, l'une
des colonies les plus riches du monde. L'étendue des terres mises en culture y augmente
constamment; de 1872 à 1910, cette augmentation
a porté sur 225.000 hectares environ. Les
régions de plaine sont aujourd'hui presque
entièrement couvertes de cultures et la population y est tout aussi dense qu'en Belgique.
On estime que le doublement s'y opère en
trente ans, à peu près aussi vite qu'aux Etats-
Unis d'Amérique, mais là l'immigration contribue fortement à l'augmentation de la population qui n'y est plus, comme à Java, uniquement
imputable à l'excédent des naissances sur les
décès. Le paupérisme est inconnu dans cette
colonie et des groupes d'habitants se détachent
de villages trop peuplés pour aller défricher
des terres encore incultes et s'y établir, éten-
dant ainsi les cultures sur les versants des
régions montagneuses.

Or, quel est le régime de propriété qui assure
à Java de tels avantages économiques : extension des cultures, accroissement de la population,
absence du paupérisme, colonisation ? Tous ces
mêmes heureux témoignages d'un état d'équilibre économique, nous les avons rencontrés
comme effets du régime communautaire du

mir russe ; aux mêmes effets, qui la confirment avec une sûreté presque expérimentale, correspond une même cause, ou au moins très analogue. Le régime de propriété en vigueur à Java est en effet aussi un régime communautaire où la propriété privée est fort limitée. Le village javanais ou commune se nomme *dessa*. C'est à la dessa impersonnelle et collective qu'appartiennent toutes les terres. Ou plutôt semble que le propriétaire véritable des terres soit, au delà de la *dessa*, l'Etat, la *dessa* n'étant qu'une première usufruitière, sorte de gérante. Chaque habitant du village reçoit un lot de terre à cultiver, qui est plus grand s'il est possesseur d'un attelage de bœufs. Le partage se fait tantôt par la voie du sort, tantôt d'après un registre avec rotation régulière des parcelles entre les usufruitiers. Ces allotements sont périodiques, à des intervalles qui ont varié avec le temps et varient aussi suivant les régions ; et, ici comme dans le mir, on observe un allongement progressif des périodes d'usufruit d'un an à six et même jusqu'à la jouissance viagère. Toutefois le cultivateur javanais semble accueillir avec joie le moment du retour de sa parcelle à la dessa et d'un nouveau partage, qui lui donnera, à son tour, droit à la jouissance des lots considérés comme meilleurs. Les parts ne sont pas toutes égales et aux chefs, aux anciens, aux maîtres d'école, aux fossoyeurs sont dévolues des parts meilleures. En plus de ces parts, tout défrichement donne droit à une jouissance temporaire de durée variable, mais déterminée, à l'expiration de laquelle le terrain conquis à la culture doit faire retour à la *dessa* dont il agrandit le domaine communal.

Correspondant à la communauté foncière, existe une communauté de responsabilités devant l'impôt. C'est en effet la dessa solidairement qui acquitte ces redevances de l'impôt, et ce système fait si bien partie intégrante de la mentalité javanaise que lorsque les Anglais tentèrent de favoriser l'établissement d'une propriété individuelle en taxant individuellement chaque membre de la dessa, on vit ces communistes s'acquitter d'abord envers le fisc comme il leur était commandé, puis mettre leurs charges en commun et les répartir à nouveau entre eux suivant le système de la communauté et du partage. C'est assez dire que les Javanais n'ont guère le goût de la propriété privée, qu'ils sont profondément attachés à leur système communautaire, dont ils comprennent les avantages.

D'ailleurs, la propriété individuelle n'est pas totalement exclue de Java. Outre la part dite *sawah* du domaine commun qui est absolument hors commerce, chacun peut posséder en outre des biens hérités, surtout la maison, inaliénables également, et enfin des biens résultant du travail personnel, aliénables, non pas cependant librement ni sans contrôle.

En résumé on voit à Java le régime de la communauté des terres et de la propriété privée extrêmement restreinte, assurer à la *dessa*, comme au *mir*, une vie économique fort avantageuse. Si l'on songe aussi que l'irrigation des rizières, qui sont la principale culture javanaise, nécessite de véritables travaux d'art pour amener l'eau depuis les torrents des montagnes, et que ces travaux non seulement sont accomplis malgré l'allotement périodique, mais encore n'auraient pu être menés à bien sans le régime de la communauté, on comprendra que l'habitant soit si fortement attaché à un système de répartition du sol qui lui assure une vie heureuse. Le Javanais garde d'ailleurs, au sein de sa communauté, une certaine indépendance ; s'il désire par exemple augmenter son bien-être ou ses revenus, il le peut en obtenant des secondes récoltes, dont la culture est tout à fait libre et individuelle.

Des résultats d'une enquête faite à Java par le gouvernement hollandais de 1876 à 1880 il résulte que, depuis 1830, la propriété collective a gagné considérablement de terrain sur la propriété privée. Le même rapport constate que les terres communes sont cultivées de la même façon que les terres privées.

A différentes reprises, il a été question dans

les chambres néerlandaises d'introduire à Java
la propriété privée, en partageant le domaine
commun de la dessa entre les habitants. On
invoquait l'exemple de l'Europe où les mêmes
communautés ont existé sous la forme de la
« marche » et qui ont cependant disparu devant
la propriété individuelle pour la plus grande
prospérité de l'agriculture. Les partisans du
régime communal javanais objectaient que
cette organisation agraire, qui date de temps
immémorial et qui est en rapport intime avec le
système de culture pratiqué dans ce pays, as-
surait le bonheur de plus de deux millions de
familles d'agriculteurs groupées dans plus de
trente mille dessas. Ils ajoutaient que le Javanais,
comme tous les Asiatiques, est imprévoyant, et
M. Baud, ancien ministre des colonies hollan-
daises, écrivait : « Le Javanais n'est pas de force
à résister aux entreprises des Européens et des
Chinois. Quand ceux-ci se seront emparés du
patrimoine du peuple ; quand une société orien-
tale, mais heureuse, se sera transformée en
une mauvaise imitation de nos sociétés euro-
péennes ; quand le Javanais, privé de sa propriété, sera ravalé au triste sort d'un coolie,
d'un manœuvre, alors, au sein de ces classes
déshéritées, appauvries, le malaise et le mé-
contentement se répandront et une révolution
sociale sera à craindre. »

De son côté, Laveleye écrit : « Le redoutable

problème de l'organisation politique et économique de la démocratie est loin d'être résolu.
Soyons donc prudents. Etudions beaucoup,
comparons les faits ; mais gardons-nous d'imposer aux autres nos lois et notre régime agraire,
alors que de toutes parts on en demande la
réforme. Pour Java surtout rien n'y réclame un
changement dans le régime rural ; c'est la colonie
la plus prospère et la mieux administrée du
monde. L'étendue des terres mises en culture
permanente augmente constamment et la population s'accroît aussi rapidement qu'aux Etats-
Unis, sans que le paupérisme apparaisse : que
veut-on de plus ? Si les crofters de l'Ecosse, les
petits tenanciers de l'Irlande et les contadini
italiens étaient aussi heureux que les Javanais,
comme ils béniraient le ciel ! »

4.

Le droit d'abus

> Malheur à ceux qui joignent maison
> à maison et qui approchent un champ
> de l'autre, jusqu'à ce qu'il n'y ait plus
> d'espace, et que vous vous rendiez
> seuls habitants du pays.
>
> ISAÏE.

Il faut bien se garder de croire que l'histoire
de la propriété à Rome nous présente un événe-
ment exceptionnel. L'histoire d'Angleterre re-
nouvelle le phénomène des latifundia, l'en-
vahissement de la petite propriété par la grande.
Sous une forme ou sous une autre, il s'est
d'ailleurs renouvelé partout, variable en ses
façons et figures, toujours pareil au fond, parce
que représentation d'un même instinct.

Letourneau a montré que le désir de l'appropriation est simplement l'une des manifestations
de l'instinct de conservation, c'est-à-dire quelque
chose d'impérieux, de tyrannique, comme tout
ce qui est primordial. A la vérité un des instincts
les plus puissants, le plus durable certainement, inspirateur de meurtre comme tous les
instincts : l'histoire paysanne, héritages ou rivalités de voisins, est pleine de récits où l'on se tue
pour un lopin de terre.

Dès que les circonstances favorisent son développement, l'instinct d'appropriation atteint rapidement au paroxysme. L'histoire, la grande,
et dans tous les pays, nous offre de nombreux
exemples de ce délire d'autant plus général que
dans le passé la terre fut, avec l'esclave et le
bétail, l'un des rares objets sur lesquels pût
s'exercer cet instinct. Aussi du sol tout lui est
bon. La terre est toujours la terre et du moment
que la terre des champs est propriété absolue,
pourquoi la terre des routes ne le serait-elle

pas aussi ? Et de fait la féodalité s'est emparée
de cette propriété.

N'était-il pas juste, dira-t-on, que le voyageur
qui emprunte une route contribuât à son entre-
tien ? Si juste que, la plupart du temps, on dé-
pouillait sous ce prétexte le marchand qui pas-
sait. Le droit dégénère vite en abus quand
l'autorité du propriétaire est toute-puissante.
Et d'ailleurs le caractère de la propriété, au
sens romain, n'est-ce pas précisément le droit
d'abuser, *jus abutandi ?* L'abus fait partie intégrante de la définition du droit de propriété.
Comment dès lors s'étonner du foisonnement de
tous ces droits de passage, de péages, de ponts,
de barrière et de navigation ? Ecoutez Championnière : « Les communications de plus en
plus difficiles et coûteuses cesseront tout à fait,
et avec elles un élément de civilisation des plus
actifs ; devant ces contributions qui s'élèvent
à chaque pas sur la route du commerçant, les
relations vont s'éteindre, les populations s'isoler,
les localités se parquer, la féodalité s'établir et
diviser le territoire, la centralisation disparaître
et la barbarie du Xe siècle envahir les mœurs et
couvrir l'histoire de sa nuit obscure. Peut-être
l'abus des droits de passage a-t-il été la cause
la plus efficace de désorganisation de l'empire
de Charlemagne. »

Marquons ce point : une fois de plus nous
voyons le droit de propriété, dans l'exercice

de son droit d'abus, amener la décadence d'un empire.

Mais cette misère économique du moyen âge est si éloignée de nous et la féodalité est en elle-même une forme politique si différente des nôtres qu'on pourrait méconnaître la leçon qui se dégage des troubles de cette époque lointaine. On pourrait croire qu'à dix siècles d'intervalle le changement dans les mœurs, les institutions sociales, le commerce et l'industrie rompt une analogie qui apparaîtrait comme plutôt menaçante. L'exemple de l'Angleterre, où les progrès de l'inégalité et la féodalisation de la terre se sont produits de la façon la plus régulière et la plus complète, est là pour nous rappeler la possibilité et même l'imminence de troubles analogues à ceux dans lesquels mourut la féodalité.

A partir de la fin du XIIIe siècle, commença dans la situation agraire de l'Angleterre une révolution lente et insensible qui parut d'abord favorable aux cultivateurs et qui eut cependant pour résultat final d'en réduire singulièrement le nombre : elle leur apporta la liberté, mais leur enleva la propriété.

Au temps des Saxons, comme l'Italie aux premiers temps de la république, l'Angleterre est peuplée d'hommes libres, propriétaires et soldats, réglant eux-mêmes leurs intérêts et administrant la justice. Après la conquête normande, la féodalité réduit le plus grand nombre en servage ou dans un état de grande dépendance, mais peu à peu ils font fixer leurs prestations en travail et en nature, les convertissent en redevances pécuniaires non sujettes à augmentation et reconquièrent ainsi une sorte de propriété.

Cette émancipation fut d'abord favorisée par l'emploi du numéraire, qui eut une fortune rapide dans ce pays essentiellement commerçant et amena le remplacement de la corvée par le bail à ferme. Après la grande peste qui enleva un nombre considérable d'hommes, les salaires haussaient à tel point que les seigneurs n'avaient plus d'intérêt à exploiter eux-mêmes leurs terres et trouvaient plus avantageux de les louer. Comme, d'autre part, les cours de justice décidèrent, sous Edouard IV, que les cultivateurs ne pouvaient être expulsés aussi longtemps qu'ils remplissaient les obligations déterminées par la coutume, la location devint en fait une possession permanente.

C'est ainsi que, à la faveur de conditions économiques propices et alors qu'ailleurs le servage devenait plus pesant, il se constitua en Angleterre une classe nombreuse de cultivateurs propriétaires, classe aisée, indépendante, comprenant une infinité de degrés, depuis le squire, qui touchait à la noblesse, jusqu'au cotier, ouvrier rural qui avait sa maison et son champ. C'est cette *yeomanry* qui a fait la force de l'Angleterre. « C'est la fière indépendance de cette noble souche de libres propriétaires fermiers qui a, écrit Hallam, donné une si forte trempe à notre caractère national et mis tant de liberté dans notre constitution. » Quand la chevalerie française, c'est-à-dire la féodalité traînant ses soldats mercenaires, se mesura avec ces *yeomen* anglais, c'est au côté qui avait la supériorité, c'est-à-dire la justice économique, que revint naturellement la victoire et cela pendant tout un siècle.

Comme avaient disparu les cultivateurs de l'Italie ancienne, les yeomen ont disparu, qui avaient si fortement contribué à la grandeur de l'Angleterre au dedans et au dehors. Ils ont disparu dans le temps même où s'accroissaient la richesse et la puissance de leur patrie. Leur forte race s'est éteinte en laissant l'exemple unique d'un grand pays où la propriété de la terre est entièrement enlevée à ceux qui la cultivent.

La spéculation a renouvelé une fois de plus le phénomène économique des latifundia. Le point de départ fut une hausse considérable des laines au XVᵉ siècle. Les lords, maîtres de la terre, envisagèrent tout le parti qu'il y avait à tirer de la transformation de terres arables en prairies et ils s'y appliquèrent avec sauvagerie. La petite propriété fut pour ainsi dire balayée et engloutie par paquets, au cours des opérations de *clearance*, de « nettoyage », semblables à celles qui eurent lieu naguère en Irlande. Tous les moyens furent mis en œuvre pour arriver au but, et les pires : usurpation des droits très importants que les cultivateurs exerçaient sur les communaux ; usurpation des propriétés privées par une suite séculaire d'actes de fraude, de violence et de chicane ; destruction des fermes, des villages et des petites villes, qui constituaient de précieux marchés pour les produits de la petite culture. Il faut ajouter à cela les dons des terres de la couronne faits par la reine aux grandes familles. L'économiste anglais Newman a ainsi apprécié ces largesses : « L'aliénation illégale des biens de la couronne, soit par vente, soit par donation, forme un chapitre scandaleux de l'histoire d'Angleterre, une fraude gigantesque commise sur la nation. »

L'histoire d'Angleterre, elle en a vu bien d'autres dans cette monstrueuse et lente confiscation de la terre ; mais elle a aussi enregistré les tentatives des législateurs clairvoyants pour y mettre obstacle. Bacon, dans son *Histoire d'Henri VII*, vante les actes du Parlement et la sagesse du roi s'opposant aux usurpations des grands, qui eurent pour effet d'enlever les terres communales aux habitants, de détruire les fermes et de dépeupler le pays. Comme à Rome, on fit des lois ; mais comme à Rome encore, elles furent impuissantes contre une classe forte et organisée. Sous Henri VII, une loi défend d'abattre les bâtiments de ferme qui sont loués avec vingt acres de terre. « Beaucoup de maisons et de villages, dit le préambule de la loi, sont aujourd'hui déserts. La terre arable qui en dépendait est enclose et convertie en prairie et l'oisiveté devient générale ; où naguère deux cents personnes vivaient de leur travail, on voit maintenant deux ou trois bergers. » Les lois succèdent aux lois, toutes ayant le même objet et toutes inefficaces. Une loi de 1634 a pour but de s'opposer aux envahissements des moutons. « Plusieurs individus, dit l'exposé de la loi, ont accumulé en leurs mains des étendues énormes de terre, où ils nourrissent d'innombrables moutons. Certains d'entre eux possèdent 10.000 et 24.000 moutons. Par suite, le labourage est abandonné et le pays se dépeuple. » L'évêque Latimer, dans son fameux sermon de la Charrue, prêché à la cour d'Edouard VI en 1549, reproche aux nobles de transformer les yeomen en esclaves déshérités : « Le berger avec son chien, s'écrie-t-il, a pris la place des habitants disparus. »

Trente-et-un ans plus tôt, Thomas Moore faisait entendre les mêmes plaintes, criait les mêmes accusations. Dans son *Utopie* il parle de cet étrange pays « où les moutons, jadis si doux, sont devenus si féroces qu'ils dévorent les hommes eux-mêmes, les champs, les maisons, dévastent et ravagent les villes ».

Pétitions des évêques, soulèvements nombreux des paysans à la grande insurrection de 1549 et tout au long du XVIe siècle, institution de commissions extraordinaires pour examiner la situation et y chercher un remède, ce ne sont là que stériles efforts puisque les intéressés sont de puissants seigneurs et que le prix de la laine monte. Aussi les expulsions de cultivateurs ne s'arrêtèrent plus et la destruction des petits propriétaires a continué jusqu'à nos jours, favorisée par les *enclosures acts* votés de 1710 jusqu'en 1843. Ces lois qui permettaient aux lords d'enclore à leur usage les communaux, à tort considérés comme leur propriété, ont fait entrer dans le domaine privé le tiers de la superficie cultivée de l'Angleterre. M. de Sismondi a rendu célèbre le fameux *clearing* exécuté, de 1814 à 1820, par la duchesse de Sutherland, qui expulsa 3.000 familles et transforma en domaine seigneurial 800.000 acres de terre, soit 325.000 hectares environ, qui étaient jadis propriété du clan. En Irlande, la comtesse de Strafford put expulser d'un coup 15.000 fermiers de ses terres. En 1856, dans un discours prononcé à Birmingham, M. Bright disait : « Savez-vous que la moitié du sol de l'Ecosse appartient à dix ou douze personnes ? Etes-vous instruits de ce fait que le monopole de la propriété foncière va sans cesse croissant et devient de plus en plus exclusif? »

Si à l'usurpation des biens communaux, représentant le tiers de la propriété cultivée en Angleterre, on ajoute les biens de la couronne distribués aux grandes familles, on voit que la part de la nation anglaise dans la propriété, aujourd'hui consacrée, des grands lords, n'est pas précisément négligeable. Faut-il s'étonner après cela que ce soit précisément en Angleterre que le projet de restituer à la nation la propriété foncière ait réuni le plus d'adhérents et obtenu le plus grand retentissement?

« Le pays, écrit Laveleye, qui s'est le plus éloigné de l'organisation primitive de la propriété est donc également celui où l'ordre social paraît le plus menacé. »

5.

La belle au bois dormant

Etre riche, dit Stuart Mill, c'est
« avoir une grande provision de choses
utiles », et j'accepte cette définition.

Mais qu'est-ce qu'*avoir* ?

A la croisée des transepts de la cathé-
drale de Milan repose, depuis trois
cents ans, le corps embaumé de saint
Charles Borromée. Il tient une crosse
d'or et porte sur sa poitrine une croix
d'émeraudes. En admettant que la
crosse et les émeraudes soient des objets
utiles, le corps peut-il être considéré
comme les possédant ?

RUSKIN.

La notion du droit de propriété, nous l'avons vu, comporte la connaissance du double caractère de ce droit : caractère individuel et caractère social. En donnant la perpétuité à la propriété, on a sacrifié le caractère social de ce droit. Le phénomène de la plus-value est la conséquence économique de cette immolation.

L'Anglais Ricardo est le créateur de la doctrine de la plus-value foncière et l'Américain Henry George est son prophète. Ecoutons-le donc : « Prenez, dit Henry George, le premier venu, pourvu qu'il ne soit pas un homme à théories, mais qu'il ait une bonne tête d'affaires et qu'il sache ce que c'est que gagner de l'argent. Dites-lui : « Voici une petite ville qui débute ; dans dix ans ce sera une grande cité ; les chemins de fer auront remplacé les diligences et les lampes d'Edison les réverbères. Je voudrais y faire fortune. Pensez-vous que dans dix ans le taux de l'intérêt se soit élevé? — Nullement, répondra le conseiller. — Pensez-vous que les salaires du travail journalier se soient élevés? — Loin de là ; les bras ne seront pas plus recherchés ; selon toute apparence, ils le seront moins. — Alors que dois-je faire pour m'enrichir ? — Achetez promptement ce morceau de terre et prenez-en possession. » Et si vous avez la sagesse de suivre ce conseil excellent, vous n'avez plus besoin de rien faire d'autre. Vous pouvez vous coucher sur votre terrain et y fumer votre pipe ; vous pouvez vous promener tout autour, comme le lazzarone de Naples ou le lepero de Mexico ; vous pouvez planer au-dessus en ballon ou dormir au-dessous dans un trou : sans remuer le doigt, sans ajouter un iota à la richesse générale, dans dix ans vous aurez fait fortune. Dans la cité nouvelle il y aura un palais pour vous. Il est vrai qu'il y aura aussi probablement un hospice pour les pauvres. »

A vrai dire ce moyen de faire fortune est aussi ancien que la propriété perpétuelle. La plupart des vieilles fortunes du monde n'ont pas d'autre cause. C'est la possession prolongée depuis la conquête normande qui a fait les plus grandes fortunes territoriales d'Angleterre. La possession prolongée, il n'est pas de formule plus certaine pour faire fortune ; il n'en est pas non plus de moins pénible. On pourrait dire, en transposant un mot heureux de Charles Gide, que le propriétaire est roi, mais que c'est un roi fainéant.

Qu'a-t-il fait, le propriétaire de terrains, si ce n'est attendre et s'abstenir de bâtir ? Des fortunes colossales se sont faites de cette façon, après un acte d'accaparement du sol dans la périphérie d'une grande ville, par la simple force d'inertie qui a soustrait pendant longtemps des terrains aux constructions et qui a maintenu des îlots nus au milieu d'une ville grandissante. A New-York on a vu une famille, la famille Astor, gagner ainsi une fortune, que l'on évaluait avant la guerre à quelques centaines de millions, uniquement parce que, New-York étant située dans une île, un ingénieux et prévoyant ancêtre des Astor actuels avait pris la précaution d'acheter presque tout le territoire non bâti de l'île. A Paris, des fortunes considérables ont été faites dans les mêmes conditions : l'accaparement suivi de l'abstention prolongée. En Angleterre la propriété du sol des districts nouveaux des grandes villes appartient souvent à quelque lord et les constructions doivent lui faire retour en même temps que le sol au bout d'un certain nombre d'années. Leroy-Beaulieu cite le singulier spectacle d'une ville de plus de dix mille âmes, aux environs de Rochdale, mise à l'encan en janvier 1880 et adjugée à un simple particulier. Le marquis de Westminster doit la meilleure partie de son immense fortune à des terrains donnés à bail par ses ancêtres, à l'état de terrains vagues et qui lui sont revenus avec un quartier de Londres, dans West End, bâti dessus.

Ce petit jeu, on conçoit aisément que l'on puisse le recommencer avec toutes les villes du monde. Nous nous contenterons de l'exercer sur Paris. « Les variations de prix de ce sol parisien, renfermé dans les fortifications présentes, écrivait Avenel en 1909, nous apprennent que les mortels favorisés qui ont hérité de leurs pères un morceau de ces quelques kilomètres carrés, composant la superficie contemporaine de notre capitale, ont vu leur avoir, non pas quintuplé ou décuplé, non pas même centuplé, mais augmenté depuis le moyen âge de 1 à 500. »

Mais ce rapport deviendra bien plus élevé et par exemple de 1 à 30.000 si l'on prend, au lieu de la superficie totale de Paris, les seuls quartiers de l'ouest, terres de champs au XVIIIe siècle. Les environs de l'Opéra et de la Madeleine étaient, sous Louis XV, consacrés à la culture maraîchère. L'Hôtel-Dieu de Paris comptait parmi ses biens, à la fin du XIVe siècle, une petite ferme de 2 hectares 72 ares qui s'étendait de la chaussée d'Antin à la rue Scribe, auquel s'adjoignit plus tard un autre terrain de 1 hectare 25 ares situé à la Ville-l'Evêque, aujourd'hui la Madeleine. Ces quatre hectares des Ier et VIIIe arrondissements valaient 2.400 francs sous François Ier, 5.700 francs en 1552, 63.500 francs en 1646, 150.000 en 1767, 606.000 en 1775 ; ils représentent aujourd'hui une valeur de 80 millions environ, soit près de 34.000 fois plus que sous François Ier, ou, depuis le début du XIXe siècle seulement, un bénéfice de 79 millions. Ce sont là, on le voit, placements de grand-père de famille qui font des descendants d'un bourgeois cossu sous Napoléon, des princes de finance sous la République[1].

Ce sont là, dira-t-on, terrains exceptionnels. Mais ceux de l'Etoile, du Trocadéro, de Passy, d'Auteuil ne le sont pas moins, dont la hausse depuis cinquante ans seulement fut formidable. Car il n'est souvent pas besoin d'un siècle pour réaliser ces fabuleuses plus-values. En 1893, le secrétaire de Richard Wallace héritait de celui-ci d'immeubles au boulevard des Italiens et rue Taitbout, qu'il cédait à une compagnie d'assurances pour huit millions ; vingt ans plus tard, cette société refusait pour ces mêmes terrains une offre de trente-deux millions. Après Taitbout, voici la Muette : Erard, le grand facteur de pianos, y acquérait en 1803 le château de la Muette, au prix de 800.000 francs ; le comte de Franqueville refusait à la fin du siècle une somme de trente millions pour ce même domaine qu'il mit lui-même en lotissement quelques années avant la guerre.

D'un siècle à l'autre, les prix montent à des hauteurs qui paraissent exagérées et qui pourtant, stationnaires un temps, ne s'arrêtent jamais. A la fin du XVIIIe siècle le terrain valait 56 cen-

---

1. Les prix que nous donnons dans ce chapitre sont exprimés en francs *actuels*, non seulement d'après la valeur de la monnaie à chaque époque, mais d'après cette valeur multipliée par le pouvoir d'achat de l'argent à cette même époque.

times le mètre rue Blomet à Vaugirard, 2 francs au parc Monceau, 3 francs derrière l'Observatoire, 11 francs chaussée d'Antin, 15 francs au faubourg Saint-Honoré, près la rue Royale, à l'emplacement de cette cité Berryer dont on demande aujourd'hui quinze millions pour 2.000 mètres de terrains surmontés de bicoques. Où qu'on prenne les terrains et à quelque prix, il y a place pour une marge ! Voulez-vous la rive gauche? L'Hôtel-Dieu y possédait, en 1529, une ferme de 83 hectares, sur l'espace occupé par les jardins du Luxembourg, l'Observatoire et leurs environs. « Au XVe siècle, écrit Avenel, un semblable domaine avait pu valoir 20.000 francs ; au XVIe siècle il valut 460.000 fr. au maximum ; et aujourd'hui, à 200 francs le mètre, il représenterait un capital de 166 millions. » Et il ne s'agit pas là de quartiers neufs !

C'est un amusement des savants de chercher une signification sociale aux contes populaires. Dans ce sens, la belle au bois dormant ne serait-elle pas la représentation féerique de la propriété foncière? Seule encore la propriété foncière peut expliquer la locution : la fortune vient en dormant ; car c'est une vérité littérale qui ne se vérifie nulle part ailleurs. Dormir, c'est en effet la seule fonction profitable pour le propriétaire foncier urbain. Plus son sommeil sera long, plus sa fortune sera grande : sa ville travaille pour lui.

On nous objectera que, sauf rares exceptions, ces plus-values n'ont pas profité à une seule personne, mais ont été partagées entre plusieurs vendeurs successifs. Mais en quoi le fait d'être plusieurs à bénéficier de l'effort de la collectivité toute entière diminuerait-il l'immoralité de ce profit? Car ce qui est immoral, ce n'est pas l'importance de la plus-value ; mais bel et bien qu'elle aille à ceux qui n'ont rien fait, ou bien peu, pour la créer.

On nous objectera que nos exemples portent sur des terrains urbains, que ce qui est vrai pour la ville ne l'est plus pour la campagne. On nous objectera encore que si, au lieu de mettre un capital en terre, on l'eût placé en banque, il se serait, par le simple jeu des intérêts, accru dans une proportion importante. N'en croyez rien et suivez plutôt le parallèle que vous montre Avenel, avec deux possesseurs de biens, meubles pour l'un, immeubles pour l'autre, qu'il prend en 1200 et qu'il suit jusqu'à la Révolution.

Au départ chacun d'eux possède mille livres tournois, qui font 98.000 francs en monnaie de nos jours, d'après son pouvoir d'achat. L'un fait valoir son argent en prêts mobiliers qui, au taux de 20 pour 100, lui rapportent environ 19.000 francs par an ; l'autre le place en fonds de terre, ce qui lui donne. au prix moyen de l'époque, 161 hectares qui lui rapporteront

9.760 francs. Deux siècles plus tard, en 1400, les mille livres ne valent plus que 30.000 francs; cependant le propriétaire des 161 hectares du XIIIe siècle en retire encore 6.450 francs, malgré la dépréciation de son fonds en ce temps où le prix de l'hectare est tombé de 600 francs en 1200 à 400 francs en 1400 ; ce revenu correspond à peu près à celui que le capitaliste peut retirer de ses 30.000 francs à 20 pour 100.

En 1600, le propriétaire d'argent ne pourra plus acheter que 8 hectares et demi. Ses 98.000 francs de 1200, ses 30.000 de 1400 sont devenus 7.100 francs qui, placés à 8 pour 100 en rentes d'Etat ou en offices publics, lui rendront au maximum 570 francs par an, tandis que le maître des 161 hectares jouira annuellement d'un revenu de 6.762 francs. La distance qui sépare ces deux hommes s'accroîtra encore jusqu'à la Révolution, jusqu'à nos jours. En 1790, après les péripéties des XVIIe et XVIIIe siècles et les alternatives de succès et de revers par lesquelles ils ont passé, les héritiers de ces deux individus sont replacés face à face : le rentier n'a plus que 1.900 francs et n'en tire plus qu'un intérêt de 95 francs par an ; le terrien, avec ses 161 hectares du XIIIe siècle, possède un capital de 245.000 francs qui lui rapporte 8.500 francs.

Ainsi, à travers sept siècles, les 98.000 francs en espèces ne représentaient plus à la Révolution

que 1.900 francs, tandis que les 98.000 francs
placés en terres étaient devenus 245.000 francs.
De nos jours, les 1.900 francs se seraient réduits
à presque rien, tandis que la valeur de la terre
aurait encore augmenté.

Qu'importe qu'au cours d'un siècle la valeur
de la terre ait diminué temporairement : la
vérité est qu'elle va toujours en augmentant.

« A chaque coucher de soleil, écrit Avenel,
la propriété rurale enregistre aux Etats-Unis
une hausse de dix-sept millions. » Au contraire
la fortune mobilière va toujours en décroissant.
Le riche d'une époque est, cent ans après et
avec la même fortune, un demi-pauvre.

Il est une autre plus-value qui, celle-là, n'est
pas le fait de la collectivité, mais n'est surtout
pas celui du propriétaire à qui elle profite. C'est
la valeur que peut donner à une boutique l'exploitation commerciale. Elle nous apporte une
nouvelle preuve du caractère abusif du privilège
du propriétaire, qui brime tous les autres droits
de propriété.

Si le droit de propriété commerciale, création
de l'activité et de l'intelligence, apparaît aussi
respectable que le droit de propriété foncière
ou immobilière, il est inexistant au regard de
celle-ci : récemment les Chambres de commerce
françaises, alarmées d'une longue injustice, ont
demandé au Parlement que soit déposé un projet de loi pour sauvegarder la propriété que

représentent les locaux commerciaux. Imaginez un commerçant dont la boutique a acquis une valeur de clientèle, qui a même souvent donné la vie à un coin de quartier. Ce fonds de commerce représente souvent une valeur importante. A l'expiration du bail, le propriétaire ne manquera pas d'augmenter le loyer, non en rapport de la plus-value générale des immeubles, mais en rapport de la valeur qu'a acquis le fonds lui-même. Car il est bien évident qu'à ce moment-là le propriétaire pourra obtenir une somme élevée, doubler ou tripler son loyer ; il trouvera preneur de son local dans des concurrents qui seront heureux d'acquérir un fonds de commerce prospère sans le payer autrement que par une augmentation, même très forte, du loyer. Le cas est fréquent et on connaît l'histoire de certaine petite boutique de Paris, spécialité gourmande célèbre, dont le créateur dut accepter du propriétaire une augmentation énorme, parce qu'il avait réussi et qu'un concurrent, avide d'accaparer une industrie fructueuse, avait fait au propriétaire peu scrupuleux une offre très alléchante.

D'ailleurs, les exemples abondent de ces brimades du droit de propriété commerciale, par le grand privilégié. Citons le cas récent de cette société hôtelière parisienne qui exploitait un immeuble des boulevards, pour l'aménagement duquel elle avait dépensé près d'un million. Le propriétaire fut alléché par la plus-value de son immeuble tant du fait de l'augmentation des loyers après guerre que de la notoriété de l'hôtel et des aménagements très heureux qui y avaient été faits. A tout hasard il tenta le procès et allégua qu'on avait construit un escalier et installé un ascenseur sans son autorisation ; sous ce prétexte futile il demanda la résiliation d'un bail qui représentait une fortune. Fait monstrueux et qui montre le prestige sauvage dont jouit le droit de propriété immobilière, les juges n'hésitèrent pas à lui immoler le droit de propriété commerciale de la société exploitante. Le bail fut donc résilié, la société hôtelière ruinée et le propriétaire reçut sur un plateau d'or ce cadeau magnifique que lui faisaient les juges de France au nom du droit de propriété immobilière, inviolé et inviolable. Les cas sont assez fréquents de commerçants ainsi dépossédés de tout leur actif en vertu des clauses d'un bail, contrat léonin imposé par le propriétaire tout-puissant à un locataire que la rareté des locaux oblige à accepter les yeux fermés toutes les conditions de location, qu'il n'eût d'ailleurs pu discuter sans voir lui échapper le local convoité.

Ainsi, où que nous l'observions et sur quelque point que nous l'examinions, nous constaterons que la propriété foncière constitue un privilège unique, sans aucune analogie avec toute autre possession. Quoi que vous imaginiez, vous ne prendrez jamais ce privilège en défaut ; seule une révolution peut en avoir raison, mais ce n'est que momentanément et pour recommencer avec d'autres. Car, selon le mot de Polybe, dans toute guerre civile, il s'agit de déplacer les fortunes. De là la nécessité de recommencer les guerres civiles.

6.

Les parias de la propriété

S'il existe pour l'homme une véritable propriété, c'est sa pensée. Celle-là, du moins, paraît hors d'atteinte ; elle est personnelle et indépendante, elle est antérieure à toutes les transactions. L'arbre qui naît dans un champ n'appartient pas aussi incontestablement au maître de ce champ que l'idée qui vient dans l'esprit d'un homme n'appartient à son auteur. L'invention est la propriété positive ; toutes les autres ne sont que des conventions.

Chevalier DE BOUFFLERS.

Tandis que nos législations attribuaient la perpétuité à la propriété foncière, elles se montraient beaucoup moins généreuses vis-à-vis de la propriété scientifique, artistique, littéraire ou industrielle. En réalité, en dotant ces diverses propriétés d'un privilège temporaire, elles se montraient simplement plus justes. Car si dans la propriété foncière on avait tout à fait négligé son caractère social pour n'envisager que le caractère individuel, on ne devait plus commettre le même oubli; pour la propriété industrielle notamment, les inventeurs se plaignent qu'en limitant à quinze années la durée de protection des brevets on ait trop sacrifié l'individuel au social.

Comme dans la propriété foncière le caractère social de la propriété scientifique ou littéraire est évident. « Le plus grand génie, a dit Gœthe, ne fait rien de bon s'il ne vit que sur son propre fonds. Chacun de mes écrits m'a été suggéré par des milliers de personnes, des milliers d'objets différents : le savant, l'ignorant, le sage et le fou, l'enfant et le vieillard ont collaboré à mon œuvre. Mon travail ne fait que combiner des éléments multiples qui tous sont tirés de la réalité : c'est cet ensemble qui porte le nom de Gœthe. »

Ce fut en considération de cette collaboration de la collectivité à toute œuvre intellectuelle que le législateur limita le privilège de l'écrivain à une jouissance viagère, à laquelle s'ajoutent, au profit des héritiers, légataires ou acquéreurs, les cinquante années qui suivent sa mort. Après ce délai, la propriété littéraire tombe dans le domaine public. Pour l'invention, la propriété devient caduque après quinze années seulement, sans doute en considération que le moindre obstacle mis au développement d'une découverte utile à tous serait une perte pour l'humanité, mais aussi parce que, plus encore que pour l'œuvre littéraire, l'invention scientifique est une création collective, un perfectionnement que seuls les progrès de la science ont rendu possible. La simultanéité des découvertes est un fait constant dans l'histoire scientifique : l'oxygène a été découvert à la fois par Lavoisier, le Suédois Scheele et l'Anglais Priestley ; l'hélium a été isolé en même temps par sir William Ramsay en Angleterre, et Paul Cleve en Suède ; la dynamo a été inventée au même moment par Gramme en France, et Paccinotti en Italie ; la galvanoplastie par Jacobi à Pétersbourg, et Spencer à Liverpool ; la télégraphie en France par Bréguet, en Allemagne par Gauss, et en Amérique par Morse ; le phonographe par Charles Cros et Edison. Pour le téléphone, les inventeurs sont nombreux, mais les deux principaux, Graham Bell et Elisha Gray ont déposé leur brevet le même jour, à une heure d'intervalle. La liste de ces conco-

mitances est très longue et s'explique par les
publications nombreuses qui suivent pas à pas
l'avancement des sciences et révèlent à tout
moment l'état des recherches savantes dans le
monde entier.

Mais pour si grande que soit la part de la collectivité dans la création littéraire ou scientifique,
l'apport individuel de l'écrivain ou du savant
n'y est pas moindre que la contribution personnelle du propriétaire foncier à la valorisation
de sa terre. En d'autres mots, la propriété d'un
auteur sur son œuvre, de Voltaire sur *Candide*
ou de Flaubert sur *Madame Bovary*, paraît
aussi indiscutable que celle de M. Dupont
sur sa maison de ville ou son domaine des
champs. Car tout de même, Voltaire ou Flaubert,
est-il insensé de supposer que, s'ils ne fussent
pas nés, leur œuvre n'eût pas été écrite? Et
dès lors, si l'on admet que, sans eux, leur œuvre
n'eût pas vu le jour, il faut bien en conclure
qu'elle a un caractère individuel plus marqué
que les terrains de M. Dupont, qui étaient là
avant sa naissance et qui n'ont changé qu'en
ceci que sa maison de ville vaut beaucoup plus
qu'au temps où il y vint au monde et que son
domaine des champs a vu sa valeur croître sans
cesse depuis le jour où le chemin de fer s'arrêta
non loin de son portail.

Par suite de quelle aberration la propriété
dans laquelle la part de la collectivité est la plus

importante est-elle précisément celle qui confère la possession perpétuelle, alors que celle où la contribution de l'individu est la plus forte et la plus certaine ne lui assure qu'une jouissance temporaire ?

Pourquoi ces limites et pourquoi cette éternité ? Comprenez-vous maintenant la légende de misère de l'inventeur et qu'elle n'est qu'une inéluctable réalité ? Évoquez l'histoire de toutes ces découvertes qui n'assurent à leurs auteurs qu'une propriété dérisoire et dont ils peuvent jouir d'autant moins que leur invention réalise un progrès plus grand. M. Maunoury, rapporteur du projet de loi relatif à la modification de la loi sur les brevets d'invention, écrivait en 1913 : « Pour justifier la prolongation du délai de protection, on invoque à la fois l'intérêt de l'inventeur et celui de la collectivité. En ce qui concerne l'inventeur, le bénéfice qu'il en retirerait s'aperçoit immédiatement. Les premières années d'exploitation sont, en effet, trop souvent employées à installer la fabrication et à faire connaître l'invention. C'est la plupart du temps, au moment où le succès se dessine, où la production devient rémunératrice, que la découverte tombe dans le domaine public. En ce qui concerne la collectivité on signale deux avantages : la prolongation des brevets encouragerait les inventeurs, aujourd'hui désespérés par la brièveté du monopole, à étudier de nouvelles découvertes ; elle exciterait leur génie inventif, au grand profit du domaine public qui doit, en fin de compte, prendre possession de tous les brevets. »

Si le droit de propriété foncière a négligé de faire sa part à l'élément social, le droit de propriété industrielle la lui a faite trop belle, si belle que cette limitation excessive, en sauvegardant les intérêts de la collectivité au mépris de tout équilibre et de toute justice, a découragé les inventeurs et manqué ainsi le but qu'elle voulait atteindre. C'est que nos législations en sont encore dans tous les pays à un état assez barbare et que la véritable protection intellectuelle ne commencera qu'avec un état social supérieur au nôtre.

Est-il étonnant que, faussé à sa conception, notre inique droit foncier, à son tour, fausse tout ? Voici une propriété qu'on acquiert avec du génie ou du talent et elle est limitée dans sa durée ; mais celle-là est éternelle qu'on acquiert avec l'argent.

Ce n'est pas ici seulement que l'argent prime toute autre valeur ; mais parce qu'elle possède seule le pouvoir de conférer la perpétuité, la propriété foncière contribue à assurer à l'argent cette persistance de l'idée de suprématie. Vos lois, vos mœurs, vos préjugés, rien n'est fait pour aider l'homme d'un talent ou d'une supériorité quelconques, tout pour protéger l'homme riche. Or, de l'artiste au savant, de l'ouvrier au commerçant, une société ne grandit et ne prospère que par ses as, c'est-à-dire par une élite de maîtrise. C'est à l'heure où elles ne comptaient plus que des riches que toutes les sociétés du passé se sont écroulées. L'histoire nous montre que tous les privilèges ont, en fin de compte, coûté très cher à ceux qui en étaient les bénéficiaires. Or, de toutes les propriétés, une seule, la foncière, assure la possession perpétuelle. C'est un privilège, et monstrueux. Parmi toutes les raisons d'une révolution, il n'en est pas, dans le passé comme dans l'avenir, de plus sûre, de plus fatale.

7.

L'avenir de la propriété

Et l'on m'opposerait en vain que ce sont là les illusions du rêve et du désir : c'est le désir qui crée la vie et l'avenir prend soin de réaliser les rêves des philosophes.

ANATOLE FRANCE.

Tous, philosophes, sociologues, économistes
ont dénoncé l'injustice de notre droit de propriété actuel, souhaité ou annoncé sa transformation. Le chœur de ces lamentations ou de
ces menaces est impressionnant.

ARISTOTE : Les uns possèdent des biens
immenses, tandis que les autres sont à peine
propriétaires, de manière que le pays presque
tout entier est le patrimoine de quelques individus. Ce désordre est la faute des lois.

SAINT AMBROISE : La nature a fait le droit
commun ; l'usurpation a fait le droit privé...
La terre a été donnée en commun aux hommes.
Pourquoi, riches, vous en arrogez-vous, à vous
seuls, la propriété ?

BOSSUET : O riches du siècle, si nous voulions
remonter à l'origine des choses, nous trouverions
peut-être que les pauvres n'ont pas moins
de droit que vous aux biens que vous possédez.

ZACHARIAE[1] : Toutes les souffrances contre
lesquelles les peuples civilisés ont à lutter peuvent être ramenées à la propriété privée du sol,
comme à leur véritable cause.

EMERSON : Les révolutions que subiront nos
sociétés ne dériveront plus de l'ambition ou
de la rapacité, ni du désir de chercher d'autres

---

1. Célèbre juriste allemand.

formes de gouvernement, mais de nouvelles
manières de penser qui créeront un nouvel ordre
social, donneront pour stimulant au travail la
charité et la science, et détruiront la valeur de certaines propriétés, mais qui placeront toute propriété sous l'empire de la raison et de l'équité.

Stuart Mill : Le principe essentiel de la
propriété étant d'assurer à chacun le produit
de son travail et les fruits de son épargne, ce
principe ne peut s'appliquer à ce qui n'est pas
le produit d'un travail, la matière même du sol.

Herbert Spencer : La justice n'admet pas
la propriété appliquée au sol ; car si une partie
du sol peut être possédée justement par un
individu, pour son profit personnel, comme une
chose sur laquelle il exerce un droit exclusif,
d'autres parties de la terre peuvent être occupées
au même titre et ainsi toute la surface de notre
planète tomberait entre les mains de certains
individus. D'où cette conséquence que, si le
droit des propriétaires sur la surface de la terre
est réel, les non-propriétaires sont absolument
privés de tout droit analogue. Ces derniers
n'existent donc que par tolérance. Tous sont
en faute. Sauf le bon plaisir des propriétaires
il n'y a pas, sur le sol, de place pour la plante
de leurs pieds. Bien plus, ces hommes sans terre
pourraient être entièrement expulsés de la
terre, sans que la justice fût offensée.

PAUL LEROY-BEAULIEU : Le propriétaire foncier est en quelque sorte le locataire de la société prise dans son ensemble et il lui doit une redevance pour l'usage des forces naturelles qu'il s'est appropriées.

LETOURNEAU : Dans toutes les sociétés civilisées qui ont devancé la nôtre, l'intronisation du droit égoïste et sans frein de propriété individuelle a été l'avant-coureur de la décadence, la principale cause de la ruine. Une humanité plus éclairée, ayant enfin réussi à créer une science sociale, saura, on aime à le croire, éviter l'écueil sur lequel ont sombré Athènes et Rome.

LAVELEYE : La théorie de la propriété généralement admise est complètement à refaire, car elle repose sur des prémisses en contradiction complète avec les faits de l'histoire et avec les conclusions même auxquelles on veut arriver...

Aujourd'hui la propriété a été dépouillée de tout caractère social : complètement différente de ce qu'elle était à l'origine, elle n'a plus rien de collectif. Privilège sans obligations, sans entraves, sans réserves, elle semble n'avoir d'autre but que d'assurer le bien-être de l'individu. C'est ainsi qu'on la conçoit et qu'on la définit. Mobilisée par la facilité de l'aliénation, elle passe de mains en mains, comme les fruits qu'elle porte ou les animaux qu'elle nourrit. En allant trop loin dans cette direction, on a ébranlé les bases de la société, et il est à croire que dans l'avenir une place plus grande sera donnée à l'élément collectif.

SCHMOLLER, le célèbre économiste allemand, dans ses *Principes d'Economie politique* : Il ne faut pas prétendre que les oppositions entre l'idéal et la dure réalité se laissent toujours résoudre pacifiquement. Le régime de la propriété en vient lui-même au point où les digues qui assurent la paix se rompent, et dans la tempête de la révolution il faut, pour assurer l'ordre, élever de nouvelles digues contre les courants nouveaux. Mais, dans un tel déchaînement, la construction nouvelle ne remplira son but que si un dictateur génial sait imposer silence aux forces déchaînées et, ménageant ce qui existe, sait fixer les grandes lignes de la propriété de demain.

POUVONS-NOUS TOUCHER AU DROIT DE PROPRIÉTÉ ?

Posons maintenant des questions précises et demandons-nous, ou plutôt demandons aux philosophes, si nous pouvons toucher au droit de propriété.

Les économistes reconnaissent que le droit de propriété n'est qu'une convention et Avenel ajoute que chaque peuple, en chaque temps, peut avoir la sienne. C'est une réponse catégorique à la question. Mais Platon, Pascal et Laboulaye vont aussi répondre très nettement.

PLATON *(Lois)* : — O dieux, s'écrie le mourant, ne serait-il pas bien dur que je ne puisse disposer de mon bien en faveur de qui il me plaît, en laisser plus à celui-ci, moins à celui-là, selon le plus ou le moins d'attachement qu'ils m'ont témoigné ?

— Mon cher ami, lui répond le législateur, vous qui ne pouvez guère vous promettre plus d'un jour, il vous est difficile dans l'état où vous êtes de bien juger de vos affaires, et, de plus, de vous connaître vous-même, comme le prescrit Apollon Pythien. Je vous déclare donc que je ne vous regarde point, ni vous ni vos biens, comme étant à vous-même, mais comme appartenant à toute votre famille, tant à vos ancêtres qu'à votre postérité, et toute votre famille avec ses biens comme appartenant encore plus à l'Etat.

BLAISE PASCAL : Vous imaginez-vous que ce soit par quelque voie naturelle que ces biens ont passé de vos ancêtres à vous ? Cela n'est pas véritable. Cet ordre n'est fondé que sur la seule volonté des législateurs qui ont pu avoir de bonnes raisons, mais dont aucune n'est prise d'un droit naturel que vous ayez sur ces choses. S'il leur avait plu d'ordonner que ces biens, après avoir été possédés par les pères durant leur vie, retourneraient à la république après leur mort, vous n'auriez aucun sujet de vous en plaindre.

Laboulaye, dans son *Histoire du droit de propriété* : Le droit de propriété est une création sociale. Toutes les fois que la société change de moyens, qu'elle déplace l'héritage ou les privilèges politiques attachés au sol, elle est dans son droit et nul n'y peut trouver à redire ; car avant elle et hors d'elle il n'y a rien ; en elle est la source et l'origine du droit.

LA PROPRIÉTÉ, DROIT NATUREL

Si la propriété est un droit naturel, une des conditions du droit de propriété sera qu'il soit accessible à tous.

Locke : Chacun doit posséder autant de bien qu'il lui en faut pour sa subsistance. La nécessité de la propriété privée résulte de la condition humaine qui requiert le travail et une certaine matière sur laquelle on puisse agir.

J.-G. FICHTE : La mission de l'Etat est de faire avoir à chacun ce qui lui appartient, de lui assurer sa propriété et de la lui garantir. Le but de l'activité humaine est de vivre, et chaque individu a le droit d'être mis en état de pouvoir vivre. Le partage doit être fait de telle sorte que chacun puisse subsister par son travail. Si quelqu'un manque de ce qui lui est nécessaire pour vivre, il faut que ce soit par sa faute, non par le fait d'autrui.

SCHILLER : Il faut que tout homme puisse dire de quelque chose : « Ceci est à moi, » ou il mettra le feu et tuera.

BASTIAT : Dans la force du mot, l'homme naît propriétaire parce qu'il naît avec des besoins dont la satisfaction est indispensable à la vie, avec des organes et des facultés dont l'exercice est indispensable à la satisfaction du besoin.

« Il résulte de ces paroles de Bastiat, ajoute Laveleye, qu'à moins de condamner certains individus à mort, il faut reconnaître à tous le droit de propriété. Si l'homme naît propriétaire, c'est à la loi de faire en sorte qu'il puisse exercer le droit qu'on lui reconnaît. »

LAVELEYE : La plupart des auteurs modernes proclament que la propriété est un droit naturel.

Mais qu'est-ce qu'un droit naturel, sinon un droit tellement inhérent à la nature humaine qu'aucun homme ne doit pouvoir en être dépouillé, à moins qu'il n'ait démérité ?

ROSCHER, dans ses *Principes d'Économie politique* : On doit considérer la liberté et la propriété comme des postulats de la nature humaine qui ont leurs racines dans les mêmes profondeurs de la vie sociale que l'État, et certainement c'est une situation morbide chez un peuple que celle qui rend impossible à des personnes saines de corps et d'esprit d'acquérir de la propriété.

F. HUET : On ne saurait trop le redire, la propriété est une condition absolue de la liberté. Comment méconnaître dans l'humanité le premier, le plus sacré des titres à la possession des choses ?

LA PROPRIÉTÉ DE DEMAIN

EMMANUEL FICHTÉ : Nous arriverons à une organisation sociale de la propriété. Elle perdra son caractère exclusivement privé pour devenir une institution publique. Jusqu'à présent l'État n'a eu d'autre devoir que de garantir à chacun la paisible jouissance de ce qu'il possède. Désormais le devoir de l'État sera de mettre

chacun en possession de la propriété à laquelle
ses besoins et ses capacités lui donnent droit.

LAVELEYE : Citoyens de l'Amérique et de
l'Australie, n'adoptez pas le droit étroit et dur
que nous avons emprunté à Rome et qui nous
conduit à la guerre sociale. Revenez à la tradition primitive de vos ancêtres. Si, en consa-
crant le droit naturel de propriété, les sociétés de l'Occident avaient conservé l'égalité,
leur développement normal eût été semblable à
celui de la Suisse. Elles auraient évité de passer
par l'aristocratie féodale, par la monarchie
absolue et par la démocratie démagogique qui
nous menace...

Tôt ou tard, la situation économique étant
à peu près partout la même, partout l'hostilité
des classes mettra la liberté en péril, et plus
la propriété sera concentrée, plus la société
sera menacée de bouleversements profonds.

Les démocraties modernes n'échapperont
à la destinée des démocraties antiques qu'en
adoptant des lois qui aient pour effet de répartir
la propriété entre un grand nombre de mains.
Il faut arriver à réaliser cette maxime supérieure de la justice : « A chacun suivant ses
œuvres, » de sorte que la propriété soit réelle-
ment le résultat du travail, et que le bien-être
de chacun soit en proportion du concours
qu'il apporte à l'œuvre de la production.

ALFRED FOUILLÉE : Pourquoi la société renoncerait-elle à bénéficier pour sa part d'un phénomène qui est éminemment *social*, la plus-value progressive, et pourquoi en abandonnerait-elle aux seuls individus tous les bénéfices légitimes ? Aux économistes de chercher ici les meilleures voies à suivre ; mais supprimer les impôts au moyen de profits faits par l'Etat, substituer la rente spontanée, qui est un bénéfice social, aux charges pesant sur les contribuables, conséquemment éteindre peu à peu la dette publique, voilà un assez beau résultat pour qu'on cherche sérieusement les moyens de l'atteindre.

LETOURNEAU : On peut se demander à quelles mesures devront recourir les nations modernes pour conjurer les catastrophes qui les menacent. Leur droit est incontestable et certaines en usent, par exemple l'Angleterre qui, tout récemment (Letourneau écrivait ceci en 1889) et par simple mesure administrative, diminuait d'un seul coup de 14 pour 100 en moyenne les redevances des fermiers irlandais et, par suite, de neuf millions environ les revenus des landlords. Le mal à combattre est déjà sensible ; il n'est pas incurable ; nous n'en sommes pas encore où en était la Rome décadente. On peut aviser, même user de remèdes à long terme, et ce sont les bons. Il est en effet insensé de vouloir transformer par un coup

de baguette les grandes institutions, qui sont la
base même des sociétés : la famille, la propriété.
Il y faut du temps, de la mesure, des tempéraments. D'autre part les révolutions violentes
ressemblent à des amputations : on peut bien
être forcé de les subir ; on ne saurait y aspirer.

8.

La propriété temporaire

Pour les législateurs, le point capital
paraît être l'organisation de la propriété,
source unique, à leur avis, des révolutions.

ARISTOTE, *Politique.*

Les philosophes et les économistes ne se sont pas contentés de dénoncer un état funeste à la civilisation ; ils se sont efforcés d'y trouver remède. Le professeur Wagner, de Berlin, a proposé le rachat de la propriété urbaine par les municipalités et par l'Etat. Paul Leroy-Beaulieu a limité ce rachat aux terrains non bâtis, sous la forme de l'expropriation publique. Reprenant et rectifiant ce projet, Alfred Fouillée suggère qu'après avoir acquis les terrains vagues, l'Etat et les villes ne les revendent pas par parcelles aux enchères, comme le demandait Leroy-Beaulieu, mais en conservent la propriété en les affermant simplement pour soixante ou cent vingt ans.

Nous ne nous arrêterons pas à examiner ces projets, qui ont le rachat à leur base, parce que, dangereux avant la guerre, ils sont aujourd'hui irréalisables. Plus sage est la suggestion, approuvée par Leroy-Beaulieu lui-même, de réserver à l'Etat et aux municipalités le profit de la plus-value dans le présent et dans l'avenir. Toutefois est-il indispensable de tomber d'un excès dans l'autre et, sous prétexte que pendant longtemps le côté social du droit de propriété a été sacrifié, de lui immoler brusquement le côté individuel ? Puisqu'il est prouvé que cette méconnaissance du caractère social du droit de propriété fut une erreur énorme et dangereuse, ne méconnaissons pas

- - -

à notre tour le caractère individuel de ce droit.

Mais voici que parle la sagesse même avec cette proposition de Laveleye, qui intéresse les pays neufs et les colonies, de ne plus aliéner des territoires immenses pour des sommes dérisoires ; mais de les concéder pour des périodes de soixante ou cent ans, comme le font les lords anglais. Hélas, ce projet dont l'adoption eût été féconde il y a cinquante ans, à l'époque où Laveleye le formulait pour la première fois, présente moins d'intérêt aujourd'hui que le sol de nos colonies, en sa plus grande surface, a été presque entièrement distribué, pour le plus grand préjudice de la nation.

Quel est donc l'aveuglement des législateurs et leur asservissement au droit romain qu'ils n'aient pas compris jadis ce que la suggestion de Laveleye contenait d'admirables possibilités d'avenir pour la France coloniale et quelles richesses elle lui apportait ? Que n'a-t-on imité, dès ce moment, les législateurs du second empire qui, en concédant le réseau de nos chemins de fer pour un temps limité, ont assuré leur retour entre les mains de l'Etat et préparé ainsi à nos descendants une succession magnifique. Les défenseurs des grandes concessions coloniales ne nous objecteront pas que la construction d'une ligne de chemin de fer, avec ses travaux d'art, ses gares, son

matériel, ses expropriations, représente une
dépense moins forte que le défrichement
des terres coloniales, et que l'amortissement
possible pour l'un en soixante-dix ou quatre-
vingts ans, ne l'eût pas été pour l'autre. On n'a
pas eu besoin d'être assuré de la possession
perpétuelle pour entreprendre des travaux comme les canaux de Suez et de Panama qui ont
coûté des centaines de millions et ne reposent
que sur des concessions de quatre-vingt-dix-
neuf ans.

Nous touchons ici au point capital, à ce droit
de perpétuité concédé à la propriété par l'éga-
rement romain. Eh quoi, notre bien le plus
précieux, la vie, voit sa durée limitée. Rien,
sauf la propriété, n'est éternel ici-bas ! « Quelle
est donc la chose autre que la terre qui n'échappe
pas à l'homme tôt ou tard ? Combien d'objets
frappés du droit incontestable de propriété
dont il ne peut faire usage qu'une fois ! C'est
la condition essentielle de toute chose mobilière ; la langue répond à cette vérité en faisant
du mot *user* le synonyme de *détruire*. Je suis
assurément propriétaire de mon pain, de mon
vin ; et pourtant je ne puis en faire usage sans
les anéantir ; de mon cheval, ou de mon bœuf,
ou de mes brebis, et cependant ils sont mortels ;
de ma carrière, et je ne puis en user qu'un
temps : une fois épuisée, elle l'est à jamais. »
(CHAMPIONNIÈRE.)

De son côté, Charles Gide constate que si la terre n'est pas le seul objet de propriété subissant la plus-value, on doit reconnaître que cette plus-value de la terre est tout à fait particulière. « La terre, écrit-il, est la seule richesse qui soit perpétuelle et nous n'entendons pas seulement parler de la perpétuité de la terre, en tant que matière, mais de sa perpétuité en tant qu'utilité. » Toutes les richesses ne durent qu'un temps ; leur matière se ruine ou leur utilité s'évanouit. Les maisons s'écroulent, mais auparavant leurs appartements sont démodés, inutilisables. La mode, pas plus que le temps, n'a de prise sur la terre. Sans doute la propriété foncière n'est pas entièrement à l'abri du risque. On a vu dans le Midi, à la suite du phylloxera, le prix des terres baisser de moitié. La crise passa et la valeur des terres reprit sa marche ascendante : ces mêmes terres ont connu depuis des prix qu'elles n'avaient jamais atteint. « C'est une question de temps et de patience, conclut Charles Gide. Même les terres où furent Carthage et Babylone, et qui depuis des siècles sont restées en friche, rentreront un jour, demain peut-être, dans le domaine de la spéculation et de la production... Il n'est aucune richesse dont on puisse dire autant. »

C'est cette perpétuité de la valeur utile de la terre qui fait de l'éternité de sa possession un privilège injustifiable, une monstrueuse iniquité. Toutes les révolutions du passé, nous l'avons vu, et Aristote nous l'avait prédit, toutes les menaces de l'avenir n'ont pas d'autre cause. C'est pourquoi l'intérêt de tous, et des propriétaires eux-mêmes, premières victimes des révolutions, est que soit créé sans tarder un nouveau droit de propriété qui répare la grande erreur de la loi romaine.

Pour cela, il n'est qu'un moyen, mais souverain, c'est de limiter le droit de propriété. Une longue teneur sauvegardera à la fois le côté individuel et le côté social par le retour de la terre à la nation, à l'expiration de la concession.

« Pour l'homme dont la vie est si courte, écrit Laveleye, une teneur de quatre-vingt-dix ans équivaut à la possession perpétuelle ; pour la nation, rentrer en possession du sol, c'est le salut de l'avenir. »

Le mode de réalisation est fort simple : il suffit d'assimiler la propriété foncière à la propriété littéraire. La propriété perpétuelle serait remplacée par une concession viagère, à laquelle s'ajouterait, en faveur des héritiers, une jouissance de cinquante ans après la mort. Puisqu'une concession variant de soixante-dix à quatre-vingt-dix-neuf ans permet d'amortir les centaines de millions engagés dans les grandes entreprises de chemins de fer, de canaux, de grands ports, etc., tout propriétaire foncier pourrait amortir le prix de sa propriété dans une durée moyenne de soixante à soixante-dix ans. D'autres le font bien et depuis longtemps. A Lyon une grande partie de la ville est bâtie sur des terrains appartenant aux hospices, comme Londres sur un sol appartenant à quelques lords ; pas plus ici que là la concession temporaire n'a empêché la construction de grands immeubles de rapport. Une maison de 1850 est, soixante-dix ans après, en 1920, une vieille maison qui ne répond plus, ni par la division des appartements, ni par les dégagements, l'escalier ou l'entrée principale, aux désirs d'une nouvelle époque. Et les raisons hygiéniques, sentimentales et économiques s'accordent ici, pour ne pas prolonger au delà de ce délai la vie des vieilles maisons.

Ainsi serait réparée l'injustice séculaire, puisque le droit de propriété satisferait enfin aux deux éléments essentiels qui sont en lui. L'élément individuel serait protégé par une jouissance durant toute la vie de l'individu, à laquelle

---

1. Rien n'empêcherait d'ailleurs que, pour la première fois, le délai d'après la mort dépassât cinquante ans. Dans le cas d'enfants mineurs à la mort du père, la jouissance des héritiers pourrait commencer à la majorité du dernier enfant. Ceci bien entendu pour la première période, celle qui va amener toute la propriété entre les mains de l'Etat. Dans le même ordre d'idées, on pourrait aussi diminuer le délai de jouissance *post mortem* lorsque le propriétaire est mort sans enfants et, imitant en cela les lois successorales, le graduer selon le degré de parenté des héritiers avec le défunt. Pour les sociétés anonymes et les collectivités la durée de possession foncière ou immobilière pourrait être limitée uniformément à 75 ans.

s'ajouterait, au profit des héritiers, une jouissance supplémentaire de cinquante années.
Quand l'élément individuel aurait épuisé, dans
l'individu et sa descendance immédiate, toutes
les satisfactions que peut comporter un juste
droit de propriété, l'élément social recevrait
alors sa part, puisque toutes les propriétés
lui feraient retour : sol des villes et des campagnes, bâtiments des fermes et des usines,
maisons des villes et des champs.

Ce futur retour des propriétés à la nation
apporterait aux peuples européens, épuisés
par la guerre le moyen de résoudre toutes les
difficultés actuelles, d'écarter à jamais les lourdes
menaces de l'avenir, puisque dès à présent
l'Etat pourrait satisfaire à toutes ses charges
et que la seule cause des révolutions aurait
disparu.

Ce ne serait pas la première fois que, pour
conjurer un grand péril, des privilégiés cède-
raient une partie des bénéfices dont la possession
devient dangereuse : à la fin de la féodalité,
beaucoup de seigneurs renonçaient d'eux-mêmes
à des droits de propriété séculaires. Championnière écrit : « Les idées de liberté se faisaient jour et gagnaient les croyances ; les
oppresseurs les partageaient ou ne pouvaient
s'en défendre. Les plus prévoyants et les plus
sages reconnurent qu'un pouvoir dont ils
avaient tant abusé devait leur échapper ; ils

se hâtèrent d'en tirer le dernier parti qui restait
à leur disposition. De même que déjà leurs
prédécesseurs avaient vendu la liberté civile
aux communes, de même ils affranchirent la
propriété des droits de banalité. Les cartulaires
de cette époque sont remplis de chartes de
retraite ou suppression de « deffens » moyennant
des redevances auxquelles s'assujettissent les
vassaux ou tenanciers. »

Il nous reste à réfuter la principale objection qui vient immédiatement à l'esprit, celle
de la propriété paysanne, et à montrer que
loin d'être en antagonisme avec elle, la propriété temporaire doit tourner à son avantage.

Nous ne dissimulerons pas toutefois qu'il
sera moins aisé de détruire un préjugé d'école.
Bien que la limitation du droit de propriété
foncière comporte une large part de possession
individuelle, la propriété absolue ou le domaine
éminent n'en appartient pas moins à l'Etat.
Comment les économistes de l'école dite dis-
tinguée admettraient-ils cette hérésie qu'après
avoir évolué jusqu'à la possession individuelle
la propriété revienne à la possession collective,
qui est une des formes primitives de la propriété ? Préoccupés avant tout de justifier
tous les droits acquis, de quelque façon qu'ils
l'aient été, ces doux pontifes tentent de nous
persuader que tout changement qui nous
ramène à la forme primitive d'une institution

marque une régression de l'humanité. Qu'en
savent-ils et pourquoi, au contraire, la loi sociale
n'évoluerait-elle pas selon la loi naturelle ?
Or en paléontologie la loi de spécialisation nous
révèle que, dans une famille, ce sont les espèces
que l'évolution a le plus éloignés du type primitif qui s'éteignent les premières.

9.

Les haillons de propriété

Il n'y a de richesse que la vie. Le pays le plus riche est celui qui nourrit le plus grand nombre d'êtres humains nobles et heureux.

RUSKIN.

Nous allons dans ce chapitre examiner les objections que peut faire naître la conception de la possession temporaire. La principale concerne la propriété paysanne. Toutefois il en est une autre qui intéresse toutes les classes de la société, à savoir que la propriété temporaire paralysera l'activité générale des individus. Nous répondrons par l'exemple de l'Angleterre où la propriété, immobilisée entre les mains de quelques grandes familles, est aussi peu accessible à ceux qui l'exploitent que si elle appartenait à l'Etat ; c'est pourtant l'un des pays du monde où l'activité chez l'individu atteint sa plus grande puissance.

D'autre part ne voyons-nous pas la plupart des milliardaires américains laisser à des institutions d'Etat ou à des bibliothèques la presque totalité de leur fortune, comme Carnegie ou, comme Rockefeller, des centaines de millions. La préoccupation de la destination de cette fortune paraît avoir été pour peu de chose dans l'activité déployée à la gagner[1].

L'homme, répète-t-on généralement, ne travaille pas seulement pour lui, mais aussi pour ses enfants. Mais à la période de sa pleine acti-

---

1. Demandez à un grand faiseur d'argent comment il compte employer son argent ; il n'en sait jamais rien. Il ne le gagne pas pour l'employer à quelque chose. Il le gagne seulement pour pouvoir le gagner. « Que ferez-vous de ce que vous avez amassé ? demandez-vous. — Eh bien, j'amasserai davantage, » répond-il. (RUSKIN, *la Couronne d'olivier sauvage*.)

8

vité il pense peu à ses petits-enfants, qui sont encore loin ; il ne se soucie pas du tout de ses arrière-petits-enfants qu'il ne connaîtra presque jamais. Aussi la certitude que dans quatre-vingts ou cent ans, les concessions des chemins de fer, de Suez ou de Panama prendront fin, n'a jamais arrêté un seul capitaliste de souscrire à leurs émissions.

Abordons maintenant l'objection capitale: la propriété paysanne.

La France est une nation de paysans, dit-on communément. Et sur cette constatation on donne la volée à des nuées de préjugés sur leur condition, d'erreurs sur les statistiques, de déductions hypothétiques. Il convient donc de ramener les choses à leur réalité et les chiffres à leur exactitude.

Dans une étude sur le prolétariat en France depuis 1789, d'après les documents officiels, M. Toubeau nous apporte d'utiles précisions. On croit généralement, dit-il, qu'en France c'est la petite propriété qui domine. On entend partout répéter que, depuis 1789, les paysans n'ont cessé d'acheter de la terre et qu'aujourd'hui ils possèdent la plus grande partie du territoire. Les statistiques officielles démontrent, contrairement à l'opinion générale, que le paysan qui cultive son propre fonds possède moins d'un dixième du sol français ; les neuf dixièmes du territoire appartiennent à des personnes étrangères à l'agriculture. Sur cinquante millions d'hectares, le paysan qui cultive son propre fonds ne possède que quatre millions d'hectares. Ces chiffres sont significatifs. De plus les propriétaires de ces quatre millions d'hectares sont eux-mêmes au nombre de deux millions : c'est dire que le lot de chacun est en moyenne assez exigu ; mais le rendement est plus considérable que pour les autres formes d'exploitations.

Ce qui contribue à entretenir l'illusion relative à la situation économique du paysan français, c'est le grand nombre des cotes foncières : quatorze millions de cotes. Ce chiffre est impressionnant ; il le sera moins si l'on songe que la moitié de ces cotes sont inférieures à cinq francs. Or, qu'est-ce qu'une propriété payant moins de cinq francs d'impôts, sinon un « haillon de propriété ».

Ces propriétaires minuscules, qui exploitent ce que M. Toubeau a appelé excellemment un haillon de propriété, ne sont autre chose que des gueux de la propriété. Et pourtant, ces gueux, c'est la moitié des paysans français.

On objectera que ce sont là des chiffres d'avant-guerre et que, depuis, le paysan s'est enrichi, a acheté de la terre. Qu'importe ? Ces chiffres étaient des vérités d'hier et seront des vérités de demain, car le haillon de propriété est la conséquence fatale du fractionnement que produit le partage héréditaire.

111

- - -

« Le propriétaire qui n'a pour toute fortune que son petit bien, écrit Charles Gide, ne peut le soustraire au couperet du partage égal. Ainsi à chaque décès son petit domaine ira se subdivisant, suivant une progression géométrique, jusqu'à ce qu'il ne reste plus que des lambeaux de terre dont il ne saura plus que faire sinon, pour s'en débarrasser, les vendre à quelque gros voisin qui les emploiera à arrondir son domaine !

« On cite en maints endroits des exemples incroyables de pulvérisation, des bandes de terre qui n'ont que la largeur de la faux et de la faucille ! Si le partage égal n'a pas eu en France une action aussi destructive de la propriété qu'on aurait pu le craindre, c'est parce' qu'il a été en partie neutralisé par deux causes qui sont d'ailleurs plus funestes encore : le malthusianisme, qui évite la division de la terre entre les enfants en supprimant les enfants ; l'émigration des campagnes qui, là même où il y a plusieurs enfants, n'en laisse qu'un sur la terre, si même il en reste un ! »

L'amour du paysan pour la terre, sa ténacité à mettre toutes ses économies dans de nouvelles acquisitions foncières n'a pas d'autre cause : le domaine partagé au décès du père, chacun des enfants s'efforcera de le reconstituer, tout au moins à la limite de la propriété qui permet de vivre des fruits du sol. Entre le champ du voisin et l'instrument agricole qui lui permettra de perfectionner son exploitation, il n'hésitera pas : il achètera de la terre et s'en tiendra, pour son matériel rural, aux seules machines que le défaut de main-d'œuvre rend indispensables. Et ainsi la propriété paysanne oscille du morcellement à la reconstitution, maintenant un vague équilibre, mais ne progressant que lentement ; tandis qu'infatigablement le paysan poursuit son travail de danaïdes pour la reconstitution de son petit domaine, mettant pour y parvenir toutes ses disponibilités à l'achat de terres et négligeant de perfectionner son outillage agricole. C'est à ce fait, plus qu'à la petite propriété, qu'il faut attribuer les progrès trop lents de la culture en France.

« On a prétendu, écrit l'économiste allemand Schmoller, que bientôt toute la terre cultivée serait et devrait être condensée en grandes exploitations pour produire mieux et plus. Mais, même dans l'Amérique du Nord les fermes géantes ne constituent que passagèrement des fractions de la terre cultivée. Sur le continent européen tout entier, non seulement il n'est pas vrai que lagrande exploitation agricole gagne du terrain, mais en réalité elle fait place çà et là à la petite exploitation. Il n'est même pas vrai, en général, que la grande exploitation produise davantage et à meilleur marché que la moyenne, en tout cas plus que la petite exploitation ou la culture maraîchère. Si, dans l'avenir, les progrès de la technique agricole changeront cela, nous n'en savons rien ; pour le temps présent, la coexistence des petites, des moyennes et des grandes exploitations doit être considérée comme la plus profitable à la production et à la société. »

La petite et la moyenne propriété, c'est ce qui fit la grandeur de Rome aux beaux âges de la République, la prospérité de l'Angleterre au temps de sa *yeomanry*.

La possession de la terre par la nation augmentera dans une proportion énorme le nombre des paysans. L'exode vers les villes cessera le jour où le cultivateur aura autre chose qu'un haillon de propriété à mettre en valeur. L'agriculture ne manque pas de bras ; ce sont les bras qui n'ont pas assez de surface à cultiver. Le retour aux champs est certain le jour où l'Etat pourra donner aux paysans exilés dans les villes toute la surface qu'ils pourront utilement exploiter ; où un fils de paysan ne sera plus obligé d'aller travailler aux usines parce que le lot qui lui est échu est trop petit pour le faire vivre. Le malthusianisme s'arrêtera dès lors que chaque paysan sera persuadé que ses fils recevront de la terre en quantité suffisante.

Le jour où la terre sera considérée non plus comme un capital, mais comme un instrument de travail prêté à tous, sa possession n'engen-

drera plus les sentiments d'égoïsme féroce
et de cupidité sauvage que trop souvent elle
fit naître ; la propriété perpétuelle emportera
avec elle le souvenir des rivalités, des convoi-
tises, des haines, des crimes même que pro-
voquèrent trop souvent les questions de partage ou de bornage. L'âge d'or reviendra avec
la terre inaliénable, mais libéralement octroyée
à tous ceux qui la cultivent et pour aussi longtemps qu'eux et leurs descendants continueront
leur exploitation. Ce n'est pas là une généreuse
hypothèse, mais la grande leçon qui se dégage de l'histoire rurale dans tous les pays et à
toutes les époques [1].

Il y va de la vie des peuples modernes, de
leur intérêt social et économique, que soit
réalisé le vœu de Laveleye : « Dans toute société
organisée conformément au droit naturel ou
plutôt rationnel, tout homme devrait posséder,
au moins viagèrement, non précisément un lot

---

1. Dans son ouvrage sur *l'Evolution de la Propriété*, Letourneau a
montré que, chez les races peu développées, l'institution de la propriété
individuelle, loin d'être une cause de progrès et de civilisation, est au
contraire un obstacle à toute évolution supérieure. L'Afrique noire est,
depuis bien des siècles, sous le régime de la propriété individuelle et elle
n'en croupit pas moins dans la sauvagerie. En des pages éloquentes il
oppose ces deux exemples : l'Afrique noire et la dessa javanaise et prouve
« qu'au moins chez les races peu développées l'institution trop hâtive de
la propriété privée a de funestes effets et que celle de la propriété commune lui est de beaucoup supérieure. La seconde civilise les hommes
et en crée ; la première détruit les populations et entrave tout progrès
mental et social ».

de terre, comme sous le régime exclusivement agricole, mais l'instrument de travail, c'est-à-dire la terre pour l'agriculteur, l'outil pour l'artisan ou une part de l'usine pour l'ouvrier de la grande industrie. »

Ce vœu, l'Etat possesseur du sol — de tout le sol, dessus et dessous, terre et usines, fermes et bâtiments — sera en mesure de le réaliser pleinement dans ses multiples obligations.

Quel inconvénient pour les descendants du paysan que leur droit de propriété s'arrête à la cinquantième année qui suit la mort de leur ancêtre, dès lors que l'Etat leur afferme toute la surface qu'ils pourront cultiver utilement, y compris même la propriété dont ils avaient hérité? La permanence de leur possession aurait pour obligation la continuité de son exploitation par eux-mêmes et leurs descendants. Et pour eux rien ne serait changé, sinon qu'ils auraient plus de terre. Fermiers de l'Etat, ils recevraient des garanties telles que nul fermier au monde n'en peut recevoir de son bailleur. Nous avons déjà vu cela dans l'histoire d'Angleterre : sous Edouard IV les cours de justice décidèrent que les fermiers ne pouvaient plus être expulsés aussi longtemps qu'ils remplissaient les obligations déterminées par la coutume, ce qui, constatent les historiens, leur conférait la possession permanente.

Sans doute le fermier d'Etat acquitterait une redevance ; mais d'abord il ne paierait pas d'impôts et ce loyer ne serait pas supérieur à un impôt légitime.

Ne pouvant désormais employer ses économies à acquérir de la terre, le paysan achèterait des machines et perfectionnerait son outillage agricole, doublant ou triplant ainsi sa production. Cette augmentation de la production serait d'autant plus certaine que l'Etat, riche de toute la propriété, entreprendrait l'aménagement de tout le sol, multipliant les irrigations si bien que tout le pays deviendrait un admirable jardin où toutes les cultures produiraient leur plus grand rendement. L'Etat organiserait encore un réseau de transport de force, créerait des laboratoires bien outillés et des champs d'expériences pour les études et les recherches agronomiques, fournirait les meilleures graines et semences, donnerait tous les renseignements qu'on pourrait désirer, comme le fait le département d'agriculture aux Etats-Unis. Sans sortir de son rôle d'éducateur, d'animateur, de créateur de grands travaux, il contribuerait ainsi par les moyens les plus certains à augmenter considérablement la production agricole et par suite la richesse générale.

Délivré du délire de la possession terrienne, le paysan sentira bientôt remonter en lui le vieux fonds de communisme foncier accumulé

par une longue hérédité. Parlant du paysan du
XVIe siècle, Avenel écrit : « Quand il s'agissait
de traiter, de définir les droits réciproques,
le campagnard sentait obscurément sourdre dans
sa cervelle les prétentions inavouées des aïeux
à la possession exclusive du bois comme de la
lande. La tradition confuse du communisme
foncier, que pratiquent toutes les sociétés
humaines dans leur enfance et dont tant de
vestiges existaient encore, le rendait hostile au
partage. »

Plus près de nous, lorsqu'en 1873 l'Espagne,
renouvelant à quatre-vingts ans d'intervalle l'erreur de la Convention, s'efforça de détruire le
patrimoine communal, les paysans se soule-
vèrent pour remettre en vigueur l'ancien droit
collectif. Dans un discours prononcé alors,
M. Silvela disait aux Cortès : « L'idée socialiste
est chez nous un héritage de l'ancien régime
qui lui avait donné ses lettres de naturalisation.
Dans la plupart de nos villages, la révolution
est considérée comme un retour légal à des
habitudes communistes qui sont restées dans
notre sang ; elle signifie l'accès libre dans
la propriété municipale et quelquefois dans
la propriété particulière, le renversement des
clôtures, la jouissance commune de la jachère
et même de la moisson. Cette façon d'entendre la liberté n'est pas née des prédi-
cations modernes, ni des promesses des déma-

gogues, ni de l'abus de la presse ; elle procède de souvenirs et de traditions que rien ne peut effacer[1]. »

Il est une autre influence séculaire que le paysan sentira renaître en lui dès qu'il sera délivré de la possession perpétuelle ; c'est l'esprit d'association, dont les effets au moyen âge furent si salutaires à tous égards. « Le moyen âge, écrit Troplong, dans ses *Commentaires des sociétés civiles*, fut une époque prodigieuse d'association ; c'est lui qui forma ces nombreuses sociétés de serfs et d'agriculteurs qui couvrirent et fécondèrent le sol de la France ; c'est lui qui multiplia ces congrégations religieuses dont les bienfaits ont été si grands par leurs travaux de défrichement et leurs établissements au sein des campagnes abandonnées. »

D'autre part Leferrière, dans son *Histoire du droit français*, écrit : « L'esprit d'association renouvelé par le christianisme, a étendu son activité salutaire sur les coutumes au moyen âge. C'est à l'abri des sociétés de tout genre, des communautés de travail et d'habitation, des

---

1. Ceci évoque les fêtes du moyen âge anglais connues sous le nom de lammas day. Au jour de la Saint-Pierre aux Liens, la foule des campagnes en liesse, chantant et poussant des cris de joie, renversait les clôtures qui séparaient les cultures de seigle et d'avoine. Ce retour momentané à la communauté primitive était une des fêtes principales des campagnes.

A constater ici cette menace au sein de la fête et là, dans la révolte, cette évocation pleine d'apparat, on peut se demander si les révolutions ne sont pas tout simplement des fêtes illégales.

corporations, des sociétés d'intérêt public et privé ; c'est sous l'influence de leur esprit de fraternité sociale et chrétienne que les serfs, les pauvres laboureurs, les artisans et les gens de métiers, les commerçants, le peuple des villes et des campagnes, ont amélioré et développé leur condition d'existence. L'isolement les aurait frappés de mort, l'association les a fait vivre et grandir pour des temps meilleurs. »

Bien que la propriété temporaire n'entraîne pas forcément l'association, on ne saurait douter qu'elle contribuera fatalement à son développement. Il se produira sous la forme moderne des coopératives dont la puissance naissante étonnera un jour le monde. Il n'est pas en effet d'exploitation qui se prête mieux que l'agriculture à cette forme d'association. « L'association, écrit Michel Chevalier, doit bannir le paupérisme, assimiler en un ordre social régulier les éléments sans cohésion des sociétés modernes. Le principe de l'association rendra la paix au monde, qui en a soif. »

Les associations agricoles recevant de l'Etat propriétaire leur domaine de culture, qui ne pressent ce que cette formule contient de magnifiques possibilités ? Schmoller nous le confirme :

« Les époques de grand progrès social, de cohésion croissante des forces sont en même temps les époques dans lesquelles la propriété commune s'accroît, non seulement celle de l'Etat, mais celle des organes sociaux les plus considérables, où grandit la subordination de la vie individuelle à des buts collectifs. »

10.

La ci-devant :
une propriété abolie

> Un temps viendra où la propriété aura une forme différente de ce qu'elle a aujourd'hui, c'est-à-dire où la société reconnaîtra aussi peu le prétendu droit du propriétaire d'accumuler autant qu'il lui plaît des biens de ce monde que le droit de combat privé, le droit des chevaliers de dépouiller les voyageurs ou le droit aux épaves que reconnaissait le moyen âge.
>
> VON IHERING.
> (célèbre juriste allemand)

Il est une propriété plus vieille que la propriété
foncière, aussi générale qu'elle, qui s'étage tout
au long des siècles, des premiers âges de l'humanité jusqu'à nos jours : c'est l'esclave. Né avec
les premiers balbutiements de la civilisation,
l'esclavage, qui représente la première tenta-
tive d'organisation du travail, a été pendant plus
de cinquante siècles le grand réservoir de main-
d'œuvre de l'humanité. C'est pourquoi l'antiquité le considérait comme une des principales
causes de la civilisation et Aristote l'avait jugé
indispensable aux sociétés humaines. La Bible
elle-même le mentionnait, le légiférait ; Agar
était une esclave et les anges du Seigneur lui
dirent : « Retourne chez ta maîtresse et remets-
toi entre ses mains. » Aux temps modernes, le
philosophe Locke l'avait admis dans sa constitution modèle des Carolines.

Propriété infiniment précieuse, plus encore
que la terre, — car la terre est stérile où les
bras manquent — l'esclave représenta toujours
une valeur très recherchée. Selon Mommsen,
« l'idée de propriété chez les Romains n'était
pas primitivement associée aux possessions im-
mobilières, mais seulement aux possessions en
esclaves et en bétail ». La valeur de cette propriété augmenta aux temps modernes, où le
recrutement des esclaves ne fut plus assuré par
les conquêtes militaires, mais organisé en un
commerce très important et très prospère encore

au XIXe siècle, avec ses armées de traitants, de surveillants, ses flottes qui transportaient le « bois d'ébène » à travers le monde. Au milieu du siècle dernier, grouillaient encore sur les vastes plantations des deux Amériques, dans les mines du Brésil, des troupeaux d'esclaves qui représentaient pour leurs propriétaires une richesse importante, considérée aux prix d'achat.

C'est cette valeur millénaire que, sous la pression de conditions économiques puissantes, un vent de sentimentalité balaya. Le phénomène commença aux Etats-Unis où, dans une guerre civile de quatre années, il mit aux prises le Nord, partisan de l'abolition de l'esclavage, et le Sud, pays des planteurs, qui s'armèrent pour conserver la propriété de leurs esclaves.

La cause de la guerre de Sécession se présente encore à nous sous la niaise affabulation de la *Case de l'oncle Tom.* Elle est en réalité dans la révélation qu'apportait aux Nordistes l'antagonisme de leur prospérité agricole, industrielle et minière avec la torpeur du Sud agricole, que le travail indolent et machinal des esclaves avait, depuis cinquante ans, laissé en dehors de la magnifique renaissance économique où se revivifiaient l'Europe et les Etats-Unis du Nord. La rivalité naquit de la conviction pour le Nord que l'esclavage amenait la ruine de ce Sud, riche pourtant de magnifiques ressources, alors que, pour les planteurs du Sud, l'abolition de l'esclavage représentait la perte des capitaux énormes engagés dans la constitution de ces troupeaux humains.

De 1861 à 1865 cette guerre coûta à la nation américaine 600.000 hommes et quinze milliards de dollars. Le Sud vaincu et l'esclavage aboli, les planteurs constatèrent avec stupéfaction que cette propriété des esclaves, à laquelle ils attachaient naguère une si grande valeur que, pour la défendre, ils avaient entrepris une guerre longue et coûteuse, n'était qu'une pure illusion.

Qu'y avait-il en effet de changé dans ces plantations d'après la guerre, où les anciens esclaves étaient revenus s'embaucher comme ouvriers agricoles, avec cette différence toutefois que les meilleurs seuls étaient restés, les autres, les paresseux, les imperfectibles ou simplement les sages, s'étant fait rapatrier en Afrique? Sans doute le prix du salaire était légèrement supérieur à ce que le planteur dépensait naguère pour nourrir et soigner ce cheptel humain ; du moins, il obtenait de sa nouvelle main-d'œuvre un rendement bien meilleur, où se retrouvait toute la supériorité du travail libre sur la production forcée, et tel qu'il amena rapidement les Etats du Sud à une prospérité inconnue jusque-là.

Si bien que l'abolition de cette propriété, au lieu de ruiner ses bénéficiaires, les sauva de la misère où le mauvais état des cultures les précipitait de plus en plus. Et comme si cette heureuse résolution ne devait avoir que des conséquences bienfaisantes, l'Oncle Tom fut délivré, ses persécuteurs s'enrichirent ; seuls, les traitants, marchands d'une propriété illusoire, virent avec regret la déchéance de leur commerce fructueux.

Un double enseignement découle pour nous de ce précédent fameux. D'abord, les propriétaires à perpétuité y puiseront la leçon de sagesse qu'elle contient et qui consiste à ne point s'exagérer par anticipation les conséquences d'une transformation sociale quelconque, surtout quand il s'agit de réparer une injustice éclatante ou, comme dit Montesquieu, « de restituer contre un accord qui contient la lésion la plus énorme de toutes ». Qui nous dit en effet que les propriétaires d'aujourd'hui ne trouveront pas une compensation considérable à un abandon très lointain dans l'avantage d'échapper à toute obligation pécuniaire immédiate et de voir leurs impôts notablement diminués pendant soixante-dix ans ?

Mais l'enseignement le plus précieux que nous apporte l'aventure américaine, c'est qu'avec « du temps, de la mesure, des tempéraments », comme le conseille Letourneau, on eût pu épargner la vie de 600.000 hommes et économiser quinze milliards de dollars.

En effet, quelques années plus tard, en 1871, le Brésil abolissait l'esclavage sans révolution ni guerre civile, en votant une loi qui déclarait libres tous les enfants à naître de parents esclaves. Dix-sept années de ce régime transitoire ont suffi pour arriver sans secousse à l'émancipation complète de la classe servile.

Six cent mille hommes et quinze milliards de dollars, voilà ce qu'eût pu économiser une mesure prise à temps. Retenons cela.

Retenons-le d'autant mieux que l'analogie est grande entre les deux propriétés. Le pays qui, le premier, comprendra la nécessité de transformer son droit foncier, devra s'inspirer de l'exemple du Brésil et ne pas oublier qu'il ne s'agit pas de confisquer la propriété, mais seulement la perpétuité, ce qui est juste, puisque seule la nation est éternelle.

11.

Le délire de la fiscalité

Au nom de Notre Seigneur Jésus-Christ, le seigneur Dauphin, considérant que ses prédécesseurs ont dans leurs dernières volontés ordonné que toutes les choses qu'ils avaient soustraites et mal acquises, sous quelque prétexte que ce fût, fussent restituées et réparées entièrement ; voulant remplir de tout son pouvoir ses dispositions pieuses, et réparer autant que possible tous les méfaits et les spoliations imputables tant à ses prédécesseurs qu'à lui-même ; se rappelant que les plaintes répétées de ses fidèles sujets lui avaient fréquemment représenté qu'ils étaient gravement opprimés dans beaucoup de choses, tant par lui que par ses prédécesseurs ; il les libère et affranchit pour toujours et à jamais des droits de fouage, dons, colletage, tailles extraordinaires et présents, afin que Notre Seigneur Jésus-Christ accorde à lui et à ses prédécesseurs repos et salut et la rémission de ses péchés.

Testament du Dauphin HUMBERT.

A la veille de la Révolution un étranger voyageant en France résume son impression sur notre pays par ces mots : délire de fiscalité. Ces mêmes mots s'appliquent à merveille à notre situation actuelle.

Cette situation, on la connaît : 330 milliards de dettes représentant un intérêt annuel de 14 milliards. Et quand je dis : on la connaît, j'exagère ; en réalité on l'ignore. Dans une conférence récente M. Lellier, directeur honoraire au ministère des finances, déclarait : « Personne ne sait ni le montant de nos recettes, ni le montant de nos dépenses, non plus que le chiffre de nos dettes. » Et comme s'il eût voulu augmenter la stupéfaction de ses auditeurs, il ajoutait : « Depuis sept ans il n'y a plus ni comptabilité ministérielle, ni comptabilité financière. C'est par des moyens de fortune qu'on supplée à la comptabilité régulière. »

Ces moyens de fortune sont partout, dans les finances elles-mêmes aussi bien que dans la comptabilité. On se tire d'affaire par des expédients, qui nous conduisent au délire de fiscalité parce que, pour des financiers sans imagination, l'impôt est la grande ressource, le moindre effort.

Tout ce que la main peut atteindre devient matière à impôts : où qu'on aille et quoi qu'on fasse, on paie un impôt, étalé ou déguisé. Et ces impôts se superposent, s'enchevêtrent, se répondent l'un à l'autre, reviennent sans cesse comme refrain d'une même chanson. L'impôt sur le chiffre d'affaires frappe plusieurs fois le même objet, dans chaque main qu'il passe ; l'impôt sur le revenu frappe là où l'impôt sur les salaires avait déjà frappé, et comme un sourd. C'est une invraisemblable cacophonie : d'innombrables répercussions engendrent des perceptions à l'infini. Au milieu de ce vacarme on ne s'entend plus. Personne ne s'y reconnaît plus, ni les percepteurs, qui vont au maximum de peur de se tromper ; ni leurs agents qui font revivre au sujet de la taxe de luxe les plus beaux modes de l'inquisition fiscale ; ni les notaires qui, perdus au milieu des innombrables droits d'enregistrement, de timbres de toutes sortes, font de ces droits de timbre ou d'enregistrement des applications qui varient d'une étude à l'autre. A chaque budget c'est un essoufflement vers des impôts nouveaux ; on finira par tout atteindre : comme au déclin de l'empire de Charlemagne, comme à la veille de la Révolution, on prélèvera sur tout et partout.

Chaque impôt nouveau alarme des intérêts qui se mettent en position de défense : selon que les syndicats professionnels réuniront une majorité au Parlement ou y seront en minorité, l'impôt persistera ou disparaîtra. Et ainsi à mesure que les impôts se créent, les privilèges fiscaux se multiplient.

Les chambres de commerce, effrayées des charges croissantes dont on accable le commerce et l'industrie, ont dénoncé les plus scandaleux de ces privilèges fiscaux et une campagne énergique est menée actuellement. Elle oppose citadins et ruraux et s'élève contre la violation du principe de l'égalité de tous les citoyens devant l'impôt. De fait cette inégalité est flagrante. Les chiffres sont éloquents. Qu'on en juge :

Jusqu'au 30 septembre 1921 le montant des impôts payés par les agriculteurs sur leurs bénéfices s'élève à moins de 11 millions de francs. Pour les salariés, les impôts sur les traitements et salaires atteignent 143 millions. Pour les industriels et commerçants l'ensemble des impôts, taxes et patentes dépasse 4 milliards et demi. Ainsi, quand les agriculteurs paient 1, les salariés paient 14, les industriels et commerçants 450. C'est dire que les agriculteurs, qui représentent près de la moitié de la nation, jouissent, dans la nouvelle législation fiscale, d'une immunité presque absolue. Quand récemment le ministre des finances a proposé de doubler la taxe sur le chiffre d'affaires il a, pour attirer à son projet l'appui des députés des campagnes, annoncé qu'il maintenait en faveur des agriculteurs l'exonération de cette taxe, et cela malgré les bénéfices considérables réalisés par eux depuis plusieurs années. L'agriculture n'a peut-être qu'un bras, mais il est long.

Par bonne fortune, elle a aussi un cerveau, plein de bon sens, et riche en souvenirs. Le paysan est encore meurtri des siècles d'une servitude pire que l'esclavage, puisque pour y échapper les vilains se jetaient dans le servage. L'histoire du cultivateur, c'est-à-dire du seul contribuable du bon vieux temps, est la navrante chronique des vexations que lui faisaient subir les exigences fiscales ; tailles, redevances, amenaient des exactions de toutes sortes. Ce long martyrologe s'étend de la conquête de Jules César jusqu'à la Révolution.

Sous la domination romaine l'impôt ruinait et désolait les campagnes. Des charges intolérables, excessives, souvent plus élevées que le produit des terres imposées, étaient accrues par le privilège. Le despotisme avait besoin de soutiens intéressés qu'il obtenait en multipliant les exemptions ; des classes entières d'employés, de professions, de familles, tous les ecclésiastiques et tous les militaires, un nombre immense de favoris et de courtisans sont exonérés de l'impôt.

Le petit possesseur de biens ruraux, l'habitant des campagnes resta seul soumis aux terribles exactions du fisc ; là aucun privilège n'arrêtait son action : le malheureux était pressuré à loisir ; les prisons regorgeaient de contribuables ruinés que les agents du fisc s'obstinaient à considérer comme récalcitrants ; les infortunés y périssaient de misère ; souvent ils se pendaient de désespoir ; quelquefois on commençait par les faire mourir pour servir de leçon aux autres et leur inspirer une terreur salutaire[1].

« Le monde, écrit Lehuérou, fut alors témoin d'un étrange spectacle. La terre pour la première fois se vit répudiée par son possesseur, et ce fut à qui ne posséderait rien pour n'avoir rien à payer. A chacune des pages du code, il est question de terres qui n'ont point de maître. On les offre en vain : elles restent désertes et sans culture aux mains du fisc ; personne ne veut de ces largesses intéressées. Une ruine certaine et de cruelles tortures attendent l'imprudent qui les accepterait. »

---

1. Voici, décrite par Lactance, une levée d'impôts dans les Gaules, sous la douce administration romaine : « Les champs étaient mesurés jusqu'à la dernière parcelle, les vignes et les arbres étaient comptés, les animaux de toute espèce étaient inscrits ; chaque tête d'homme était marquée. Le peuple des villes et des campagnes était rassemblé ; les familles se pressaient en troupeaux près des portes ; chaque possesseur arrivait avec ses hommes libres et ses esclaves ; les tortures et le fouet retentissaient de toutes parts. Les enfants étaient pendus jusqu'à ce qu'ils déposassent contre leurs pères ; les plus fidèles serviteurs étaient contraints de témoigner contre leurs maîtres, les femmes contre leurs époux. Celui qui n'avait point d'entourage était soumis lui-même à la torture, et lorsque la douleur l'avait vaincu, il était inscrit pour des biens qu'il n'avait point. Ni l'âge, ni les maladies n'étaient une cause d'excuse. Les infirmes étaient recensés ; l'âge de chacun était estimé ; on ajoutait aux jeunes, on retranchait aux vieillards. Tout était rempli de tristesse et de deuil. »

Si, dans toutes les parties du royaume, les cultivateurs se réunissent en brigands, faut-il en chercher d'autres causes que celles qui les chassent de leurs chaumières, les forcent d'abandonner les champs et de recourir au pillage pour subsister ? Du IIIe au XIVe siècle ces bandes errantes de vilains en révolte ont, sous le nom de bagaudes d'abord, de jacqueries ensuite, dévasté les provinces, assassiné les voyageurs, volé sur toutes les routes, pillé et incendié les maisons.

Ces effroyables résultats de la tyrannie seigneuriale se renouvellent de siècle en siècle, avec l'action qui les fait naître. Pendant seize siècles les révoltes sanglantes des paysans ne cesseront pas de signaler les souffrances qu'ils endurent et l'excès de leurs maux. Les mêmes causes produisent partout les mêmes effets. Les causes : les seigneurs, obligés de subvenir aux guerres privées ou générales qui se succèdent alors sans relâche, exagèrent les redevances et les obligations de leurs sujets. Les effets : massacres des riches, des nobles, des fonctionnaires, le pillage des châteaux, l'attaque des villes, le brigandage sur les routes. Partout la même marche, les mêmes vicissitudes, la même fin. Bagaudes ou jacqueries, l'histoire des unes est presque exactement l'histoire de l'autre.

C'est à tort que quelques historiens ont cru voir dans ces luttes incessantes des paysans

contre la noblesse l'effet des haines de races et
de populations diverses. Championnière fait
observer, au contraire, qu'un grand nombre
de justiciers était pris parmi les tributaires et
même parmi les esclaves ; c'est à l'exercice de
leur action, à l'abus de leur pouvoir, en un mot
à leurs droits et à leurs exactions qu'il faut attribuer les révoltes et leurs sanglants résultats. Ce
qui rend cette assertion manifeste, c'est que les
mêmes résistances se rencontrent sous l'administration royale exerçant, dans l'intérêt du fisc,
les perceptions seigneuriales revêtues de nouveau du caractère d'impôt public. Les dernières
années du règne de Louis XIV furent signalées
par de perpétuelles révoltes dont les historiens
du grand roi ont à peine parlé et qui, néan-
moins, furent graves et générales. Ce sont
encore les paysans, c'est-à-dire les contribuables,
portant seuls alors le fardeau de l'impôt et
payant de leur sang et de leur misère la gloire
du monarque, qui se refusent à lui abandonner
la dernière subsistance de leurs familles et
s'arment pour la défendre. C'est à ces causes
que se rattachèrent les résistances de la Bre-
tagne ; c'est devant la taille, le fouage, la capi-
tation, que le laboureur se révoltait. Les horreurs
que décrit Lactance sont renouvelées par les
agents du fisc royal ; le collecteur pénètre dans
les chaumières à la tête de soldats armés ; le
contribuable est arraché de son foyer, maltraité,

excédé de mauvais traitements, jusqu'à ce qu'il ait livré ses dernières ressources. Ses récoltes lui sont enlevées, ses bestiaux sont emmenés, ses outils de labourage sont vendus, et ceux qui n'ont pu satisfaire à la rapacité des traitants sont pendus.

Plus tard, au XVIIIe siècle, si les nobles sont plus humains, si même la mode les rend hu-manitaires, « ils sont cependant plus odieux que leurs ancêtres, parce que, plus besogneux, ils doivent au train que leur fait mener Versailles, d'être plus exigeants ; là-bas, l'intendant qui, lui, n'est ni humanitaire ni humain, pressure et fait gémir la matière pressurée. »

La Révolution les délivre enfin en procla-mant l'abolition des privilèges et l'égalité de tous devant l'impôt. Mais le suffrage universel va bientôt donner au paysan la puissance, puis-qu'il est le nombre, et avec la puissance le droit d'abus, puisque l'abus est la condition de tout pouvoir humain. Un jour viendra où, après une guerre ruineuse, le fisc devra sévir lourdement ; le paysan se souviendra alors que pendant seize siècles il paya pour les autres ; comme les rôles sont renversés, les autres payeront désormais pour lui. Ce jour-là est arrivé. L'opprimé d'hier devient l'oppresseur ; les privilèges fiscaux éteints depuis cent trente ans vont revivre en sa faveur.

Qu'il se méfie pourtant. Il n'ignore point

ces simples vérités que tout le monde répète,
qu'il n'est de salut que dans le travail et la production, dans une prodigieuse activité industrielle et commerciale. Il sait aussi que les impôts qui écrasent commerce et industrie éloi-
gnent de plus en plus de toute entreprise les
gens intelligents et actifs qui ne tiennent pas à
devenir les martyrs des exactions fiscales. Il
sait enfin que le nombre des chômeurs augmente sans cesse, dans une proportion qu'on
s'accorde à juger inquiétante.

Et puisqu'il sait, qu'il se souvienne ! Pendant seize siècles les mêmes causes, généralement les guerres ruineuses des seigneurs, ont
produit les mêmes effets, les exactions fiscales.
Aujourd'hui comme jadis, sous la pression des
mêmes circonstances, il faut pressurer le contribuable, c'est-à-dire la classe mise à contribution. Comme il advint au temps des champs
désertés, les usines fermées jetteront par toute
la France des bandes de chômeurs qui ressus-
citeront bagaudes et jacqueries. Sauvé de l'impôt,
le paysan verra, comme au temps récent de la
vie chère, arriver dans sa ferme ou sur le
marché de la ville où il écoule ses produits le
long cortège des sans-travail, hommes, femmes
et enfants, qui ne s'inquièteront guère du
cours des œufs ou de la volaille.

Délire de fiscalité et privilèges fiscaux,
ces deux grandes plaies du passé, ces deux symp-

tômes infaillibles de la révolution, nous les
subissons présentement.

Mais il est d'autres signes qui nous révèlent
les mêmes fatalités. On vous a persuadés et
vous avez pu constater que l'on avait tant bien
que mal bouclé le budget. Ne vous laissez pas
éblouir par ces jeux d'équilibre sur le papier
et allez à la réalité. Le *Journal officiel* du 13 janvier 1922 vous l'apporte : pour deux catégories
d'impôts, l'impôt général et l'impôt cédulaire,
les recouvrements effectués en 1920 et 1921
atteignent exactement la moitié des rôles émis,
c'est-à-dire de ce que l'Etat comptait recevoir.
On peut donc dès à présent considérer sans
pessimisme que les impôts ne rentreront pas
tout seuls, ce qui signifie qu'ils ne rentreront
que par des moyens de violence.

On eût pu s'en douter : toute l'histoire fiscale du passé est là pour nous rappeler que,
lorsque l'impôt déborde les possibilités du
contribuable, on ne peut contraindre celui-ci
à payer qu'en employant les procédés sans
tendresse dont usaient les collecteurs de l'ancien
régime. On a menti aux électeurs en leur pro-
mettant des impôts sans inquisition ni vexation ;
car pour avoir l'argent le ministre des finances
est bien obligé de multiplier les circulaires
pressantes aux percepteurs et ceux-ci, ainsi
sommés de faire rentrer l'argent, sont bien
obligés de recourir à tous les moyens. L'inqui-

sition et la vexation, tout comme l'huissier et le commissaire-priseur, ne font pas corps avec la loi de finances ; mais dès qu'on veut obtenir un rendement élevé, on ne peut se passer d'eux. Nos paysans du Midi vous diront qu'il y a l'huile vierge et l'huile de pression ; la première coule sans efforts, la seconde est obtenue en broyant pulpes et noyaux sous le pressoir. On peut distinguer de même deux sortes d'impôts. Un pays heureux n'a que des impôts vierges ; ce sont les impôts de pression qui gâtent tout.

Il est des vérités qu'il est dangereux de méconnaître et celle-ci en est une qui a pour elle au chiffre près, l'expérience des âges : on peut faire tomber chaque année 25 milliards dans les caisses de l'Etat « sans pressurer et faire gémir la matière pressurée », comme écrit Madelin. Nous avons vu tout au long des siècles les mêmes causes ramener les mêmes effets ; nous le verrons une fois de plus.

Où va la France ? demande M. Caillaux dans un livre qui fait actuellement grand bruit. Où elle va, je n'en sais rien ; mais ce que je sais bien, c'est qu'elle y va sûrement.

12.

Les bénéfices d'une réforme

La France est, de toutes les nations civilisées, la plus avancée par ses institutions et la plus réactionnaire par sa fiscalité.

FRANCIS DELAISI.

La limitation du droit de propriété, il n'est pas de moyen plus juste de sortir d'une situation pleine de périls ; réalisé il apporte le remède pour ainsi dire instantané à tous les maux de l'après-guerre et même de l'avant-guerre.

Nous allons mettre en valeur les conséquences immédiates ou lointaines de cette réforme bienfaisante.

DETTE DE GUERRE

Inflationistes ou déflationistes, après avoir développé leurs thèses et étalé leurs arguments, restent sur leurs positions. Mais voici le moyen de tous les concilier. Dès lors que dans un délai qui variera entre 50 et 100 ans l'État sera possesseur de tout le sol, de tous les immeubles, une émission supplémentaire de billets de banque, voire pour une somme égale à la dette, n'est plus de l'inflation. La banque-route ne saurait menacer celui qui possède tout, du moment que la somme de papier qu'il émet reste très inférieure à la valeur du gage[1]. Or ce

---

1. Qu'on ne nous oppose pas l'histoire lamentable des assignats, gagés par tous les biens confisqués aux émigrés et à l'Église. Leur dépréciation était fatale puisque l'émission, considérablement supérieure à la valeur du gage, atteignit le chiffre extravagant de quarante milliards, c'est-à-dire une somme représentant environ vingt fois la quantité du numéraire existant à cette époque ! Charles Gide observe fort justement que, même faite en bonnes monnaies d'or et d'argent, une telle émission n'eût pas moins provoqué une dépréciation considérable de la monnaie métallique, puisque celle-ci se serait trouvée vingt fois supérieure aux besoins.

gage, c'est une nue propriété qu'on peut estimer aujourd'hui en chiffres très ronds à 500 milliards et qui atteindra sans doute le double le jour où la jouissance en reviendra à l'État, augmentée des plus-values qu'aura apportées, pendant trois quarts de siècle en moyenne, une activité agricole et industrielle certaine et formidable. Insistons : certaine et formidable ; nous allons en dire les raisons.

RAISONS D'UNE
ACTIVITÉ ÉCONOMIQUE INTENSE

En premier lieu, la diminution considérable des impôts. Dès lors que l'Etat amortit sa dette à l'aide d'une émission qui ne charge pas le budget comme le ferait un emprunt, les impôts peuvent être réduits dans une proportion énorme, qui ira sans cesse en diminuant jusqu'à leur disparition totale. Ce jour-là sera réalisé le vœu des physiocrates, d'un impôt unique assis sur la terre, perçu sous la forme des locations ou des mutations temporaires de la propriété.

Il est évident que le retour à un impôt léger facilitera la reprise de la vie économique ; d'autres raisons y aideront puissamment qui sont la disparition ou tout au moins l'atté-nuation de tous les dangers que traîne après soi l'inflation : prime de l'or, hausse du change,

évanouissement de la monnaie métallique, vie
chère.

Il est une autre raison, toute-puissante,
d'une activité économique intense. Tout le
monde est d'accord que les pays se relève-
ront d'autant plus vite qu'ils produiront plus.
Mais ce n'est pas assez de produire, il faut aussi
vendre et, pour vendre, s'assurer des débouchés, car la surproduction, c'est-à-dire la production sans débouchés, n'engendre que désordre et danger.

Dans une intéressante étude sur le problème monétaire, M. Régis de Vibraye mon-
trait récemment que le moyen le plus certain
d'augmenter la production en France est la réfection là où elle est nécessaire, la remise au
point un peu partout de notre outillage économique. Il faut, dit-il, s'ingénier à augmenter le rendement de l'usine d'abord, sa
clientèle ensuite : perfectionner l'outillage pour
obtenir des prix de revient moindres et, à personnel égal, une production plus forte ; dé-
velopper les débouchés existants et ouvrir, si
possible, des débouchés nouveaux.

Or l'outillage de l'usine française, ce sont
nos ports, nos voies ferrées, nos canaux, nos
installations hydro-électriques, nos hauts-four-
neaux, nos fabriques de tout ordre. L'État
doit laisser aux divers industriels le soin de
perfectionner techniquement leurs exploitations

privées. Au contraire, les ports, canaux, chemins de fer, certains grands travaux d'aménagement hydro-électriques, de création de
force motrice nouvelle le concernent. Qui ne
pressent que de consacrer dix ou quinze
milliards à la réfection du grand outillage de
la France, c'est assurer la reprise et le main-
tien d'une vie économique intense, c'est mettre
notre pays en situation de refaire rapidement
sa fortune, c'est contribuer à l'avènement
d'une ère de prospérité sans égale dans l'histoire.

Si bien qu'on peut dire qu'avant l'expiration du délai qui marquerait le retour à la
nation de la propriété des usines, l'État, ga-
geant cette nue propriété, aurait permis aux
industriels de gagner plusieurs fois la valeur de
ces terrains et immeubles, en sus de leurs bénéfices normaux.

Mais ce retour des usines à la nation n'arrê-
terait pas leur exploitation. Car ce qui lui
reviendrait c'est, sol et bâtiments, tout ce qui
est considéré immeuble par destination ; l'industriel conserverait la propriété de son matériel
et son exploitation continuerait avec cette seule
différence qu'il paierait un loyer à l'Etat. Le
nouveau droit de propriété industrielle et commerciale lui assurerait la jouissance de ses
usines tant qu'il exercerait son exploitation,
tout comme il assurerait au commerçant la

possession de sa boutique tant que son commerce serait profitable.

Si, se plaçant au jour où les biens de l'industriel ont fait retour à la nation, on examine sa situation, on considérera que d'abord il ne versera plus d'impôt et que son loyer sera sans doute inférieur aux impôts d'aujourd'hui. Ajoutant à cela l'aide puissante qu'il aura trouvée et trouvera sans cesse dans l'amélioration constante par l'État du grand outillage économique de la France, on peut se demander si pour lui, comme pour l'agriculteur, le bénéfice de la transformation ne sera pas inestimable. En réalité la limitation de la propriété ne sera préjudiciable qu'aux seuls oisifs.

DÉVELOPPEMENT DES VILLES

Toutes les villes qui ont eu un développement rapide subissent dans le monde entier une redoutable crise de croissance. La circulation y devient difficile et les travaux qui pourraient moderniser la ville, le prix des terrains les rend impossibles. Les moindres expropriations, aggravées par la spéculation, atteignent des prix fabuleux. Le moment viendra où, les grandes villes de plus en plus enserrées dans leur réseau de rues et d'avenues, nous verrons le Paris du XXIe siècle mourir étouffé dans son plan du XIXe siècle.

La possession du sol par l'État rend aux villes toute leur souplesse, leur permet de s'adapter à tous les besoins nouveaux, à toutes les nécessités de la civilisation en marche.

UN PÉRIL DE LA BANQUEROUTE

La propriété perpétuelle et privée présente pour les pays à change bas un danger réel par la tentation qu'elle offre aux étrangers d'acheter de la terre à vil prix. Au jour où elle se réveillera de sa banqueroute, l'Autriche constatera peut-être avec stupeur que tout son sol appartient à des étrangers. Chez nous, après l'armistice, de grandes propriétés du Midi ont été acquises par des Suisses, des Anglais et des Américains.

M. Léon Escoffier, député du Nord, s'étonnait naguère que des actions de sociétés minières de son département, cotées 1.500 francs quand on extrayait du charbon, étaient montées à 2.500 et 3.000 francs, alors que les puits sont en partie anéantis et qu'on ne pourra extraire du charbon avant de longues années. Cherchant les raisons de ce phénomène, il les trouvait notamment dans le fait que des neutres, et même des alliés favorisés, achètent, à la faveur d'un change avantageux, ces actions de mines qui leur permettront, dans un ave-

nir prochain, de contrôler des affaires qui
assurent à l'industrie son aliment principal.
Il concluait : « Les gisements miniers doivent
rester exclusivement français, puisqu'il s'agit
de concessions de l'État. De l'argent anglais,
américain, dans ces entreprises françaises,
rien de mieux. Mais nous ne pouvons abandonner, même à des alliés, le contrôle de ces
entreprises. »

Un pays doit conserver la propriété de son
sol et de son sous-sol, le domaine éminent
de la terre. Le fait qu'une crise économique le
met, par la dépréciation de son change, à la
merci d'une mainmise de l'étranger, montre
un nouveau côté néfaste de notre droit de
propriété foncière.

L'ALLEMAGNE PAIERA

Que la France réalise cette modification
du droit de propriété foncière, aucun pays,
surtout aux prises avec des embarras financiers, ne pourra résister à la contagion d'un tel
exemple.

Ce jour-là l'Allemagne, riche à l'échéance
de toute sa fortune immobilière et agricole,
sera immédiatement solvable à centaines de
milliards.

DÉPOPULATION

La dépopulation, on en connaît le thème, avec ses variations, ses imprécations, ses supplications. La dépopulation, ce mot évoque le long cortège des inventeurs de systèmes pour lutter contre le ralentissement des naissances ; cortège innombrable où une reine marche au premier rang, celle dont le cardinal Alberoni commente dans ses lettres l'ingénieuse trouvaille de repeupler l'Espagne en donnant des femmes aux moines. Mais ce même mot évoque, flottant au-dessus des bannières des repopulateurs et emplissant le ciel de leurs cités vides, l'austère figure de Malthus.

Charles Gide nous a montré le malthusianisme comme un des moyens néfastes par lesquels le paysan s'efforçait d'enrayer la division de la terre entre ses enfants. Et nous avons pensé qu'à l'inverse, dès que chaque enfant serait assuré d'obtenir toute la terre qu'il pourrait cultiver, le malthusianisme cesserait ses ravages et que nous verrions le nombre des enfants augmenter, puisque chacun d'eux représenterait un agrandissement de l'exploitation familiale.

L'exemple de la Grèce et de Rome dans l'antiquité, et, de nos jours, de Java, de la Russie et de l'Inde, nous apporte une éclatante confirmation d'un fait toujours et partout vérifié, à la fois si général et si constant qu'on pourrait poser en axiome ces lignes de Letourneau : « Les sociétés progressent en force et en nombre tant qu'elles sont soumises à un régime de solidarité ; elles languissent et déclinent par les excès de l'individualité. » Aux beaux jours de la Grèce, la population foisonnait avec une telle vigueur qu'Aristote propose gravement de réprimer par l'avortement légal ce croît excessif. Au contraire, durant la période de décadence, la Grèce meurt par disette d'hommes. Polybe écrit : « Citons ce décroissement de la population, cette pénurie d'hommes qui de nos jours se fait sentir dans toute la Grèce, qui rend nos villes désertes, nos campagnes incultes, sans que des guerres continuelles ou des fléaux, comme la peste, aient épuisé nos forces. » Plutarque affirme que de son temps toute la Grèce ne pouvait fournir les 3.000 hoplites que Mégare seule envoyait à la bataille de Platée.

L'augmentation de la population est tellement liée à la propriété collective qu'à Java on a proposé le partage de la dessa et le régime de la propriété perpétuelle et privée comme le plus sûr moyen de mettre un terme à une natalité excessive. Java est en effet le pays du monde où la population augmente le plus rapidement par l'excédent des naissances sur les décès, fait très exceptionnel sous les tropiques. De 2.029.500 habitants en 1780 elle s'est élevée à 3.730.000 en 1808, 5.400.000 en 1826, 13.649.680 en 1863, 17.298.200 en 1872, 19.129.075 en 1880, 23.862.280 en 1891. La population a donc décuplé en un siècle alors que dans le même temps la nôtre augmentait à peine de moitié ; elle croît donc vingt fois plus vite à Java qu'en France.

Cet accroissement rapide de la natalité n'est pas propre à Java : on le constate dans tous les pays qui ont un régime agraire analogue. Leroy-Beaulieu dans son *Empire des Tzars*, constate que le régime du mir pousse au mariage, s'oppose au malthusianisme, puisque chaque famille a droit à une part d'autant plus grande du sol qu'elle compte plus de travailleurs et, par suite, est d'autant plus riche qu'elle est plus nombreuse. Dans les huit gouvernements de la région agricole et centrale, *l'augmentation de la population est en proportion de l'excédent des terres échues aux paysans.*

Ailleurs encore. Dans une étude sur l'Inde, Marklam note que dans les districts où est appliqué le « ryotwar-system », c'est-à-dire où l'État propriétaire des terres les loue aux cultivateurs, on a constaté une augmentation notable de population et de richesse, bien que la rente réclamée par l'État fût très élevée. Ainsi, dans le district de Bhimturi, en 30 ans, de 1841 à 1871, la population s'est accrue de 40 0/0 environ ; dans le district de Chandur, de 100 0/0 dans le même temps.

Un fait aussi général confirme les prévisions du bon sens. Le jour où l'État propriétaire du sol donnera à chaque paysan toute la terre qu'il peut cultiver, la France deviendra un des pays agricoles les plus riches du monde, peuplé d'une race forte et nombreuse. Car — et l'on ne saurait trop insister là-dessus — il s'agit ici d'une génération paysanne, c'est-à-dire exceptionnelle. La campagne de France n'est-elle pas le puissant réservoir de la race, la source magnifique de toutes les énergies, de toutes les valeurs ? Ceux qui sont venus à Paris en sabots... Cette vieille image est toujours vraie, les sabots en moins.

13.

La gestion de l'Etat

En tout le vrai rôle d'un gouvernement n'est pas de gouverner les hommes,
c'est de leur apprendre à se gouverner
eux-mêmes.

JULES BARNI.

Il nous reste à réfuter l'objection que ne manquera pas de soulever le projet de limitation du droit de propriété foncière : l'incompétence de l'État à gérer l'immense domaine qui lui reviendra au terme de sa nue propriété.

La gestion d'État jouit d'une détestable réputation, justifiée par les résultats de ses exploitations industrielles. Il est entendu que ses allumettes ne prennent pas et que son tabac est plein de bûches et d'embûches. Mais les pires ennemis de toute exploitation d'État n'ont jamais proposé de lui enlever la perception des impôts. Il est même généralement reconnu qu'au moins jusqu'à la guerre, notre administration des finances était excellemment gérée et contenait des éléments de premier ordre, dont les établissements privés utilisaient très volontiers les services.

C'est que l'État a, comme tout individu ou toute collectivité, ses aptitudes et ses incapacités. « L'État, écrit Alfred Fouillée, ne peut intervenir avec profit que là où se trouve à remplir quelque fonction qui soit : 1º générale et constante ; 2º mécanisable en quelque sorte. L'État convient mal pour tout ce qui est flexible, variable, pour tout ce qui exige une intelligence pratique, du tact, un esprit d'accommodation aux circonstances ; un corps administratif est le plus souvent sans initiative, sans zèle, sans

responsabilité ; il ne peut être vraiment pro-
ducteur. »

A ces raisons générales d'aptitude ou d'in-
capacité, il convient d'ajouter, pour chaque
pays, les qualités propres à la race ou ses
défauts. Pour prendre un exemple dans notre
sujet même, nous voyons à Java l'État hollandais, propriétaire du sol, non seulement per-
cevoir la rente des terres, mais faire planter du
sucre et du café sur le domaine public, en
surveiller la culture, récolter les produits et
les vendre. D'après des statistiques fort anciennes, cette exploitation d'État portait, il y a 50
ans environ, sur plus de 200.000 hectares de
plantations de café et de sucre. Elle occupait
deux millions de personnes et était très rémunératrice.

N'en demandons pas tant à l'État. Ce n'est
pas son rôle d'être agriculteur, non plus que fa-
bricant d'allumettes ou manipulateur de tabacs.
Par contre il est une fonction qu'il remplira
excellemment : c'est celle de notaire, chargé
d'administrer la propriété nationale. J.-B. Say
observé que la fonction la plus facile était
celle de propriétaire.

Mettre en valeur le vaste domaine de la
France, en assurant à la propriété foncière
agricole, à la propriété industrielle des usines
ou commerciale des boutiques toutes les
garanties de permanence nécessaires à leur

libre développement, c'est là pour l'État une besogne moins compliquée que d'appliquer la multiplicité d'impôts actuellement en vigueur, de surveiller les opérations des commerçants ou des industriels, de se perdre en d'incessantes investigations sur la fortune privée. N'ayant plus d'impôts à faire rentrer, son rôle se réduira à celui d'un agent de ventes et de locations, fonction qui remplit les deux conditions réclamées par Fouillée, car elle est générale et constante d'une part, et de l'autre, aisément mécanisable : cette mécanique-là, un ministère des finances pourrait l'organiser à la perfection et en assurer le meilleur rendement.

Au surplus les vices des exploitations d'État, ne seraient-ils pas tout simplement les imperfections inhérentes à toutes les grandes exploitations ? De fait vous les rencontrez presque au même degré dans toutes les grandes sociétés privées. Dans chaque branche du commerce ou de l'industrie vous trouverez la grande maison « arrivée », où vous vous heurterez à l'arrogance des chefs, à la routine des bureaux, à l'infatuation née du succès. L'irresponsabilité, le gaspillage, je le reconnais ; mais, gaspillage ou irresponsabilité, vous les retrouvez dans un grand nombre de sociétés anonymes. Faites le compte des centaines de millions perdus chaque année dans la faillite de sociétés plus mal gérées que l'État ou partis pour l'étranger sans esprit de retour. Et songez aux banques, aux milliards qui s'y évanouissent, maniés par des ignorants, des incapables, pour ne pas dire plus. Evoquez cette sarabande effrénée vers la débâcle, non seulement du capital des banques, — tu l'as voulu, lanturlu, — mais aussi des dépôts : ces milliards qu'on voit aller, venir, faire trois petits tours, trois mauvais tours et disparaître à tout jamais ; c'est pourtant cela l'exploitation privée, avec, comme pour l'État, la belle irresponsabilité des sociétés anonymes, qui est telle que, si l'on traque parfois les banquiers, on respecte toujours les administrateurs des grandes sociétés financières, même quand ils ont mené le jeu de massacre.

La propriété temporaire est une réforme si riche en conséquences imprévues qu'elle donnera satisfaction même aux contempteurs des exploitations d'État. En effet l'État n'aura plus besoin de monopoliser l'industrie pour s'assurer des revenus et il renoncera sans regrets à fabriquer de médiocres produits.

Un seul monopole doit le tenter, celui des assurances ; il n'en est pas en effet qui réunisse plus complètement tous les caractères qui doivent convenir à une exploitation d'État : quoi de plus mécanique que l'assurance et qui nécessite moins d'initiative ? La monopolisation des assurances pourrait se faire presque

automatiquement, le jour où les immeubles
appartenant aux compagnies d'assurances feraient retour à la nation.

Lorsque l'État ne sera ni industriel, ni collecteur d'impôts, mais seulement gérant de la
propriété nationale et assureur ; lorsqu'il paiera
ses fonctionnaires autrement qu'avec la perspec-
tive d'une retraite, qui a perdu beaucoup de sa
séduction d'antan ; lorsqu'enfin il laissera de
l'initiative aux chefs en leur imposant la responsabilité, ses administrations ne seront pas inférieures aux meilleures organisations du commerce ou de l'industrie.

Or cette transformation s'accomplira logi-
quement sous le nouveau régime de la propriété. Au surplus il appartiendra à chacun de
nous d'y coopérer. Alfred Fouillée met au
nombre des propriétés sociales la puissance politique, qui s'exerce par le suffrage universel.
C'est là, observe-t-il, un capital de force mis à
la disposition de tous, un pouvoir social distribué entre tous. On s'inquiète fort actuellement
de ce que ce capital social soit de plus en
plus négligé par ses propriétaires, au point
qu'à peine la moitié des électeurs usent du
droit de vote. Pourquoi s'en étonner ? Dans
les entreprises qui périclitent, les associés se
désintéressent de la gestion et désertent la
maison. Le jour où l'État, au lieu d'un rôle
politique souvent stérile, exercera une action

économique importante, aucun électeur ne né-
gligera d'apporter son concours à l'organisation
générale.

Il y manquera d'autant moins qu'il sera alors,
fait important et nouveau, deux fois propriétaire : comme citoyen, propriétaire collectif de
tout le sol ; comme individu, propriétaire privé
de son lot. Car ce devra être la caractéristique
du régime de la propriété temporaire, que
l'État ne pourra jamais avoir la jouissance, de
même que l'individu ne pourra jamais posséder
la nue propriété. Distinction aisée qui bornera
l'action de l'État et garantira à l'individu son
indépendance.

Cette formule : *à l'État la nue propriété ; à
l'individu la jouissance*, assurera le facile fonc-
tionnement du nouveau régime de propriété.
A l'expiration du délai de possession temporaire,
les propriétés seront remises en vente pour un
nouveau délai de possession, c'est-à-dire la
vie durant et cinquante ans après la mort ; à
moins qu'elles ne soient données à bail, et ce
sera généralement le cas des propriétés à usage
agricole, industriel ou commercial, pour lesquelles la jouissance sera assurée par la permanence de l'exploitation qui utilisera la terre ou
les bâtiments. Les mutations de la propriété se
feront sous ce nouveau régime comme sous
celui de la propriété perpétuelle : on vendra une
jouissance de trente années restant à courir

comme on cède aujourd'hui un droit au bail ;
on vendra une durée limitée comme on vend
aujourd'hui une perpétuité.

L'État possédant la nue propriété et l'individu
la jouissance, les rapports de l'État et de l'individu seront dès lors plus importants et plus
constants. La surveillance et la mise en valeur
de cette nue propriété, qui auront une réper-
cussion immédiate sur la vie économique du
pays, et d'autre part la sauvegarde de son droit
de jouissance obligeront l'individu à veiller
plus attentivement sur la gestion de l'État, à
exercer régulièrement et pleinement son droit
de contrôle.

L'État c'est moi, disait la monarchie absolue.
L'État c'est nous, pensent les gouvernements
modernes, et il n'y a rien de changé, que le
pluriel : le *nous* des gens au pouvoir, des po-
liticiens de la camaraderie, des convives de
la même table, voire de la même assiette. La
vraie formule des démocraties doit être : l'État
c'est toi.

. . .

Table des Matières

Achevé d'imprimer

SUR LES PRESSES DE L'IM-
PRIMERIE BELLENAND A FON-
TENAY-AUX-ROSES LE QUINZE
FÉVRIER MIL NEUF CENT
VINGT-DEUX.
L'ÉDITION ORIGINALE COM-
PREND CINQ CENTS EXEM-
PLAIRES NUMÉROTÉS DE I
A 500.
LE TIRAGE DE LUXE COMPREND
HUIT EXEMPLAIRES IMPRIMÉS
SUR PAPIER VÉLIN VANGELDER
ET NUMÉROTÉS DE I A VIII.

QUELQUES LIVRES
DES ÉDITIONS DE LA SIRÈNE